国家出版基金项目
NATIONAL PUBLICATION FOUNDATION

中国特色社会主义法律体系系列丛书

总主编 / 陈庆立　肖义舜

刑法
知识简明读本

主编 / 高民权　孙　岩

中国民主法制出版社

图书在版编目（CIP）数据

刑法知识简明读本 / 高民权，孙岩主编．——北京：中国民主法制出版社，2011.12

（中国特色社会主义法律体系系列丛书 / 陈庆立　肖义舜总主编）

ISBN 978-7-80219-986-6

Ⅰ．①刑…　Ⅱ．①高…　②孙…　Ⅲ．①刑法—基本知识—中国　Ⅳ. ① D924

中国版本图书馆 CIP 数据核字（2011）第 259033 号

图书出品人：肖启明
文 案 统 筹：刘海涛
责 任 编 辑：逯卫光　陈　曦

书 名／刑法知识简明读本
XINGFAZHISHIJIANMINGDUBEN
作 者／高民权　孙　岩　主编

出 版 · 发 行／中国民主法制出版社
地 址／北京市丰台区玉林里 7 号（100069）
电 话／ 63055259（总编室）　63057714（发行部）
传 真／ 63055259
E-mail: MZFZ@263.net
经 销／新华书店
开 本／ 16 开　710 毫米 ×1000 毫米
印 张／ 19.25　字数／ 208 千字
版 本／ 2012 年 3 月第 1 版　2012 年 3 月第 1 次印刷
印 刷／唐山新苑印务有限公司

书 号／ ISBN 978-7-80219-986-6
定 价／ 39.00 元

《中国特色社会主义法律体系系列丛书》编委会

出版说明

中国特色社会主义法律体系的形成，是我国社会主义民主法制建设的重要里程碑，体现了改革开放和社会主义现代化建设的伟大成果，具有重大的现实意义和深远的历史意义。

中国特色社会主义法律体系形成后，基本解决了有法可依的问题，有法必依、执法必严、违法必究的任务就更为重要，同时也对加强法制宣传教育提出了新的更高的要求。为全面落实依法治国基本方略、加快建设社会主义法治国家进程，进一步增强全社会法治观念，我国制定了第六个五年普法规划。深刻学习领会中国特色社会主义法律体系的主要内容和精神实质，正是国家“六五普法”的一项重要任务。为了在全社会掀起新一轮法制宣传教育高潮，把普法教育与法治实践紧密结合起来，深入开展社会主义法治理念教育，推进社会主义法治文化建设，弘扬社会主义法治精神，形成人人自觉学法、守法、用法和依法行政、公正司法的社会环境，由中国人民大学、中国政法大学、著名律所的专家学者和全国人大机关的有关同志共同编撰了这套丛书。

本套丛书是国家“六五普法”推荐读物，全景展示了中国法制的特色，系统剖析了中国法律的精髓。丛书紧密结合中国特色社会主义法律体系的七大部门法，即宪法及宪法相关法、民法商法、行政法、经济法、社会法、刑法、诉讼与非诉讼程序法，分别从结构内涵、法律渊源、法律原则、基本特征、基本内容等方面进行了准确、系统、简要阐述。既有从法律体系角度的宏观把握，又有从部门法角度的概括说明；既有简明理论阐释，又有经典案例剖析；既有立法渊源、立法目的考察，又有法律文本重点知识解读。本套丛书内容全面准确、通俗易懂，具有很强的可读性和实用性，是机关、企事业单位、各类社会组织法制宣传的权威用书，也是广大公民进行普法教育、依法维权的实用读本。

近年来，源源不断面世的法学著作和普法读物，让我们从中汲取了无穷的智慧和知识，有的观点被本套丛书引用，在此向熟悉的和未曾谋面的专家学者表达敬意和感谢！虽然我们本着学习、研究、探索的治学态度，力求以最好的质量奉献给广大读者，但受时间和学识所限，书中难免有不足之处，恳请读者朋友不吝赐教。

编　者

2012年初春于北京西交民巷23号院

以中国特色社会主义法律体系的形成为契机，在全社会掀起新一轮法制宣传教育的高潮[1]

（代　序）

深入开展法制宣传教育，是党的十七大和十七届五中全会提出的一项重大任务。前不久，胡锦涛总书记专门就弘扬社会主义法治精神发表了重要讲话，中央还批转了形成中国特色社会主义法律体系的报告和开展法制宣传教育的第六个五年规划。本次常委会会议，结合听取审议国务院关于"五五"普法工作情况的报告，作出了关于进一步加强法制宣传教育的决议。我们要认真学习领会胡锦涛总书记重要讲话精神，深入贯彻落实中央文件和全国人大常委会的决议，以中国特色社会主义法律体系的形成为契机，在全社会掀起新一轮法制宣传教育的高潮，加快形成自觉学法守法用法的社会氛围，为推进依法治国、

〔1〕摘自2011年4月22日吴邦国委员长在十一届全国人大常委会第二十次会议上的讲话。

全面建设小康社会营造良好的法治环境。这里，我想再强调三点。

一要树立长抓不懈的思想。开展法制宣传教育，是落实依法治国基本方略、建设社会主义法治国家的一项基础性工作。早在改革开放初期，邓小平同志就深刻指出："加强法制重要的是要进行教育，根本问题是教育人。"从1986年开始，我们连续实施了五个五年普法规划，广泛普及宪法和法律知识，深入推进各项事业依法治理，取得了明显成效。同时也要看到，要把我们这样一个历史上缺乏民主法制传统的国家建设成为社会主义法治国家，真正做到全社会都崇尚法律、遵守法律、维护法律，还有大量工作要做。特别是中国特色社会主义法律体系形成后，总体上解决了有法可依的问题，加强法制宣传教育，确保法律有效实施就显得更为突出、更加紧迫。我们要充分认识法制宣传教育的重要性、长期性和紧迫性，从全面落实依法治国基本方略、加快建设社会主义法治国家的高度出发，坚持立足当前、着眼长远，扎扎实实地把这项工作不断引向深入，切实做到持之以恒、长抓不懈。

二要着重提高依法办事的能力。深入开展法制宣传教育，根本目的是增强全社会法律意识，首先是提高公职人员特别是各级领导干部的法制观念，真正做到严格依法办事，只有这样才能让老百姓服气，才能在全社会形成良好的法治氛围。当前，我国既处于发展的重要战略机遇期，又处于社会矛盾凸显期，各种人民内部矛盾和社会矛盾多发，影响社会和谐的不稳定因素增多。坦率地讲，老百姓反映强烈的食品安全、征地拆迁、环境保护等方面的突出问题，并不是无法可依，也不能说领导干部和公职人员完全不知法，关键是在实际工作中不按法律办事，另搞一套，使得本来可以预防和化解的矛盾酿成了大问题。还有的甚至以权谋私、徇私枉法，严重损害人民群众切身利益，在社会上产生了很坏的影响。各级领导干部和公职人员要做学法守法用法的表率，熟练掌握依法行使职权必备的法律知识，牢固树立社会主义法治理念，严格依照法定权限和程序行使权力、履行职责，着力提高依法办事的能力和水平，在法治轨道上推动国家各项工作开展，保证把人民赋予的权力真正用来为人民谋利益。

三要紧密与法治实践相结合。深入开展法制宣传教育，关键是要增强实效。从这些年的实践看，很重要的一条经验，就是把普法教育与法治实践紧密结合起来，与我们正在做的事情紧密结合起来，在运用法律解决实际问题的过程中学习法律知识、增强法律意识、树立法治理念。要着眼于满足人民群众的实际法律需求，加强与人民群众生产生活密切相关的法律法规宣传，引导群众依法表达合理诉求、调解矛盾纠纷，善于运用法律维护自身合法权益。要认真总结以往法制宣传教育的好经验好做法，根据不同对象确定普法重点，采取群众喜闻乐见的方式，增强宣传教育的针对性和实效性。人大及其常委会要把立法和监督工作与法制宣传教育有机结合起来，进一步扩大公民对立法工作的有序参与，不断提高监督工作透明度，使立法和监督工作的过程成为宣传和普及法律、弘扬法治精神的过程。国家行政机关、审判机关、检察机关要在推进依法行政、公正司法的实践中，自觉学法守法用法，自觉接受人民监督，使执法和司法的过程也成为宣传和普及法律、弘扬法治精神的过程。

目　录

第一章　刑法概说

第一节　刑法的概念、任务、性质及体系

一、刑法的概念

刑法是规定犯罪、刑事责任和刑罚的法律。具体说，也就是掌握政权的阶级即统治阶级，为了维护本阶级政治上的统治和经济上的利益，根据自己的意志，规定哪些行为是犯罪和应负刑事责任，并给犯罪人以何种刑罚处罚的法律。

刑法有广义和狭义之分。在我国：

（一）狭义的刑法

狭义的刑法，是指刑法典，即国家以刑法名称颁布的、系统规定犯罪及其法律后果的法律。

（二）广义的刑法

广义的刑法，包括单行刑法、附属刑法与刑法典。

1．单行刑法，是国家以决定、规定、补充规定、条例等名称颁布

的、规定某一类犯罪及其后果或者刑法的某一事项的法律。

2. 附属刑法，是指附带规定于经济法、行政法等非刑事法律中的罪刑规范。此外，民族自治地方的省级人民代表大会根据当地民族的政治、经济、文化的特点和刑法典的基本原则制定的变通或补充规定，也属于广义刑法的内容，但这种规定只在特定地域适用，没有普遍效力。

3. 刑法典，通常被称为普通刑法。单行刑法与附属刑法是特别刑法。当一个行为同时触犯普通刑法条文与特别刑法条文时，应适用特别刑法优于普通刑法的原则；当一个行为同时触犯两个特别刑法的条文时，则应适用新法优于旧法的原则。

二、刑法的性质

刑法的性质有两层含义：一是刑法的阶级性质；二是刑法的法律性质。

（一）刑法的阶级性质

刑法和其他法律一样不是自来就有的，它是历史范畴，是在原始社会末期，随着私有制、阶级和国家的产生而产生的。

（二）刑法的法律性质

刑法作为法律体系的重要组成部分，它与其他部门法如民法、经济法等比较起来，有两个显著的特点：

其一，刑法所保护的社会关系的范围更为广泛。

其二，刑法的强制性最为严厉。任何法律都有强制性，任何侵犯法律所保护的社会关系的行为人，都必须承担相应的法律后果，受到国家强制力的干预。但刑法的强制性是最为严厉的，违反刑法的行为要承担相应的刑事责任。

三、刑法的任务

刑法第二条规定了刑法保护方面的任务，概括说就是保护国家和人民的利益，保护社会主义社会的社会关系，保障社会主义建设事业的顺利进行。具体说，有以下四个方面：

第一，保卫国家安全，保卫人民民主专政的政权和社会主义制度。这是我国刑法的首要任务。

第二，保护社会主义的经济基础。马克思主义认为，经济基础决定上层建筑，上层建筑为经济基础服务。

第三，保护公民的人身权利、民主权利和其他权利。切实保护广大人民的人身权利、民主权利和其他权利，这是由我们国家的人民民主性质决定的。

第四，维护社会秩序。

总之，我们要充分发挥刑法的威力，努力实现刑法的任务，使刑法在为建设有中国特色社会主义的伟大事业中更好地起到服务作用。

四、刑法的体系

刑法的体系就是指刑法的组成和结构。我国修订后的刑法分总则、分则和附则三个部分。

其中总则、分则各为一编，在编之下，再根据法律规范的性质和内容有次序地划分为章、节、条、款、项等层次。

刑法第一编总则分设五章，即刑法的任务、基本原则和适用范围；犯罪；刑罚；刑罚的具体运用；其他规定。

刑法第二编分则分设十章，即危害国家安全罪；危害公共安全罪；破坏社会主义市场经济秩序罪；侵犯公民人身权利、民主权利罪；侵犯财产罪；妨害社会管理秩序罪；危害国防利益罪；贪污贿赂罪；渎职罪；军人违反职责罪。

刑法总则除第一章和第五章外，其余章下均设若干节；刑法分则大多数章下不设节，但由于第三章“破坏社会主义市场经济秩序罪”和第六章“妨害社会管理秩序罪”涉及具体犯罪较多、内容庞杂，因而该两章下又分设了若干节。

刑法除总则编和分则编外，第三部分为附则。刑法附则部分仅一个条文，即刑法第四百五十二条。该条的内容一是规定修订后的刑法开始施行的日期；二是规定修订后的刑法与以往单行刑法的关系，宣布在修订刑法生效后某些单行刑法的废止以及某些单行刑法中有关刑事责任的内容的失效。

概括地说，刑法总则是关于犯罪、刑事责任和刑罚的一般原理原则的规范体系，这些规范是认定犯罪、确定责任和适用刑罚所必须遵守的共同规则。刑法分则是关于具体犯罪和具体法定刑的规范体系，这些规范是解决具体定罪量刑问题的标准。刑法总则与刑法分则的关系是一般与特殊、抽象与具体的关系。总则指导分则，分则是总则所确定的原理原则的具体体现，二者相辅相成。只有把总则和分则紧密地结合起来研究，才能正确地认定犯罪、确定责任和适用刑罚。

第二节　刑法的基本原则

刑法本身所特有的、贯穿于刑法始终，必须得到普遍遵循的具有全局性、根本性的准则，就是刑法的基本原则。

我国刑法明文规定了三个基本原则。

一、罪刑法定原则

我国刑法第三条规定，法律明文规定为犯罪行为的，依照法律定罪处刑；法律没有明文规定为犯罪行为的，不得定罪处刑。这就是罪刑法定原则。

罪刑法定原则的经典表述是："法无明文规定不为罪，法无明文规定不处罚。"据此，可以看出，罪刑法定的内容有两个方面：

一是，只有法律将某一种行为明文规定为犯罪的，才能对这种行为定罪判刑，而且必须依照法律的规定定罪判刑；

二是，凡是法律对某一种行为没有规定为犯罪的，对这种行为就不能定罪处罚。

二、平等适用刑法原则

我国刑法第四条规定，对任何人犯罪，在适用法律上一律平等。不允许任何人有超越法律的特权。

中华人民共和国公民在法律面前人人平等，是我国宪法确定的基本原则。刑法规定，对任何人犯罪，在适用法律上一律平等，是这一原则的具体体现。

该原则有以下两层含义：

一是要做到刑事司法公正，即定罪公正、量刑公正、行刑公正。人民法院、人民检察院、公安机关对犯罪的任何人，不分民族、种族、职业、出身、性别、宗教信仰、教育程度、财产情况、职位高低和功劳大小，都应当公正、平等地依法追究刑事责任；

二是不允许任何人有超越法律的特权。由于封建残余思想、资产阶级腐朽思想的影响，特权思想在一些人特别是在少数领导干部中依然存在。因此，法律面前人人平等的原则，其实质就是反对特权。

三、罪刑相适应原则

我国刑法第五条规定，刑罚的轻重，应当与犯罪分子所犯罪行和承担的刑事责任相适应。

罪刑相适应原则是指对犯罪规定刑罚和对犯罪分子量刑时，应根据其所犯罪行的性质、情节和对社会的危害程度来决定。

在立法上实现罪刑相适应原则，要求注重对各种犯罪的罪行程度的宏观预测和遏制手段的总体设计；在量刑方面实现罪刑相适应原则，要求将量刑与定罪置于同等重要的地位，强化量刑公正的执法观念，实现刑与罪的均衡协调；在行刑方面实现罪刑相适应原则，要求注重犯罪人的人身危险程度的消长变化情况，合理地运用减刑、假释等制度。

第三节　刑法的效力范围

刑法的效力范围，即刑法的适用范围，分为刑法在空间上的适用范围和在时间上的适用范围两部分。

一、刑法的空间效力

（一）我国刑法的属地管辖权

我国刑法第六条规定：“凡在中华人民共和国领域内犯罪的，除法律有特别规定的以外，都适用本法。凡在中华人民共和国船舶或者航空器内犯罪的，也适用本法。犯罪的行为或者结果有一项发生在中华人民共和国领域内的，就认为是在中华人民共和国领域内犯罪。”这是我国刑法在我国领域内的适用规定，即属地管辖权。它包含以下三方面的内容：

1. 中华人民共和国的领域，指的是我国国境以内的全部区域，具体包括：领陆、领水、领空。根据国际条约和国际惯例，中华人民共和国的船舶或者航空器，视为领土的延伸，属于中华人民共和国的领域范畴。这里的船舶、航空器不论是民用或者军用，也不论是航行或停泊在公海或者外国领域内。

2. 我国刑法第六条第一款所说的特别规定包括以下三种情况：

(1) 刑法第十一条的规定：“享有外交特权和豁免权的外国人的刑事责任，通过外交途径解决。”

(2) 刑法第九十条规定：“民族自治地方不能全部适用本法规定的，可以由自治区或者省的人民代表大会根据当地民族的政治、经济、文化的特点和本法规定的基本原则，制定变通或者补充的规定，报请全国人民代表大会常务委员会批准施行。”

(3) 我国香港、澳门特别行政区基本法作出的例外规定。如香港特别行政区基本法第二条规定：“全国人民代表大会授权香港特别行政区依照本法的规定实行高度自治，享有行政管理权、立法权、独立的司法权和终审权。”

此外，我国刑法第六条第三款还对什么叫做“在中华人民共和国领域内犯罪”的犯罪地标准，作了明确规定，即“犯罪的行为或者结果有一项发生在中华人民共和国领域内的，就认为是在中华人民共和国领域内犯罪”。

（二）我国刑法的属人管辖权

1．对中华人民共和国公民的适用

（1）在我国领域内的适用。根据刑法第六条规定的精神，除法律有特别规定的以外，我国公民在我国领域内犯罪的，都适用我国刑法。

（2）在我国领域外的适用。刑法第七条规定："中华人民共和国公民在中华人民共和国领域外犯本法规定之罪的，适用本法，但是按本法规定的最高刑为三年以下有期徒刑的，可以不予追究。中华人民共和国国家工作人员和军人在中华人民共和国领域外犯本法规定之罪的，适用本法。"

2．对外国人的适用

（1）在我国领域内的适用。外国人在我国领域内犯罪，除刑法第十一条规定的享有外交特权和豁免权的外国人的刑事责任通过外交途径解决外，其他外国人犯罪的一律适用我国刑法。

（2）在我国领域外的适用。刑法第八条规定了外国人在我国领域外犯罪的刑法适用，即："外国人在中华人民共和国领域外对中华人民共和国国家或者公民犯罪，而按本法规定的最低刑为三年以上有期徒刑的，可以适用本法，但是按照犯罪地的法律不受处罚的除外。"

（三）我国刑法的普遍管辖权

我国刑法第九条规定："对于中华人民共和国缔结或者参加的国际条约所规定的罪行，中华人民共和国在所承担条约义务的范围内行使刑事管辖权的，适用本法。"适用普遍管辖的规定应当以有相应的国际条例为前提。

二、刑法的时间效力

所谓刑法的时间效力，亦称刑法在时间上的适用范围，指的是刑法的生效时间、失效时间以及对刑法生效前的行为是否适用，即刑法是否具有溯及既往的效力的问题。

刑法的溯及力，指的是新的刑法生效后，对其生效前发生但生效后尚未经判决或者判决尚未确定的行为是否适用的问题。如果适用，即有溯及力；如果不适用，则没有溯及力。

关于刑法的溯及力，各国刑事立法或刑法理论有不同的规定或主张，可归纳为以下四种：

（一）从旧原则；

（二）从新原则；

（三）从旧兼从轻原则；

（四）从新兼从轻原则。

我国刑法采用的是从新兼从轻原则。我国刑法第十二条第一款规定："中华人民共和国成立以后本法施行以前的行为，如果当时的法律不认为是犯罪的，适用当时的法律；如果当时的法律认为是犯罪的，按照本法总则第四章第八节的规定应当追诉的，按照当时的法律追究刑事责任，但是如果本法不认为是犯罪或者处刑较轻的，适用本法。"

第四节 犯罪概念与犯罪构成

一、犯罪概念

根据我国刑法第十三条的规定，一切危害国家主权、领土完整和安全，分裂国家、颠覆人民民主专政的政权和推翻社会主义制度，破坏社会秩序和经济秩序，侵犯国有财产或者劳动群众集体所有的财产，侵犯公民私人所有的财产，侵犯公民的人身权利、民主权利和其他权利，以及其他危害社会的行为，依照法律应当受刑罚处罚的，都是犯罪，但是情节显著轻微危害不大的，不认为是犯罪。

构成犯罪必须具备如下三个特征：

（一）犯罪是具有社会危害性的行为

犯罪行为的社会危害性是犯罪的最本质的特征。所谓行为的社会危害性，是指行为对社会包括国家、集体和个人造成和可能造成危害的属性。

（二）犯罪是具有刑事违法性的行为

犯罪应具有社会危害性，但不是凡是具有社会危害性的行为都是犯罪，只有违反刑法规定的行为，才是犯罪。

（三）犯罪是具有应受刑罚惩罚性的行为

犯罪必须具有社会危害性和刑事违法性，但是具有社会危害性和刑事违法性的行为并不都是犯罪，只有法律规定应当受刑罚惩罚的行为，才是犯罪。

二、犯罪构成

所谓犯罪构成是指刑法规定的犯罪行为所应当具备的一切客观和主观要件的总和。犯罪构成包括犯罪客体、犯罪的客观方面、犯罪主体和犯罪的主观方面四个要素。

（一）犯罪客体

犯罪客体是指刑法所保护的而为犯罪行为所侵害的社会关系。

犯罪客体分为一般客体、同类客体和直接客体。一般客体是指犯罪行为所共同侵犯的客体，即我国刑法所保护的整个社会主义社会关系。同类客体是指某一类犯罪行为所共同侵犯的客体，也就是我国刑法保护的社会主义社会关系的某一领域或者某一方面。直接客体是指某一具体犯罪行为所直接侵犯的某种特定的客体，也就是刑法所保护的社会主义关系中的某种具体的社会关系。

（二）犯罪的客观方面

犯罪的客观方面是指刑法规定的犯罪行为所必须具备的各种外在表现或客观事实，包括危害行为和危害结果以及行为与结果之间的因果关系。

1．危害行为。犯罪必须是一种危害社会的行为。危害行为是犯罪客观方面的核心要件，它是指行为人在主观意志支配下所实施的危害社会并为刑法所禁止的行为。

犯罪行为有两种形式：（1）作为，是指行为人积极做出刑法禁止的危害社会的行为；（2）不作为，是指行为人有义务实施并且能够实施某种积极行为而未实施的消极的行为。

2．危害结果。危害结果是指犯罪行为所引起的危害社会的结果。

3．危害行为与危害结果之间的因果关系。按照刑法规定，一个人只能对自己的危害行为及其造成的危害结果承担刑事责任。

4．犯罪的时间、地点和方法，也是犯罪客观方面的内容。

（三）犯罪主体

犯罪主体是指实施犯罪行为，依法应负刑事责任的自然人和单位。自然人犯罪主体，是指达到法定刑事责任年龄，具有刑事责任能力，实施危害社会的行为，依法应受刑罚处罚的人。我国刑法规定：已满十六周岁的人犯罪，应负刑事责任。已满十四周岁不满十六周岁的人，犯故意杀人、故意伤害致人重伤或者死亡、强奸、抢劫、贩卖毒品、放火、爆炸、投放危险物质罪的，应负刑事责任。已满十四周岁不满十八周岁的人犯罪，应当从轻或者减轻处罚。因不满十六周岁不予刑事处罚的，责令其家长或者监护人加以管教；在必要时，也可由政府收容教养。不满十四周岁的人，一律不负刑事责任。

刑事责任能力，是指行为人所具备的刑法意义上的辨认和控制自己行为的能力。只有行为人具备刑事责任能力，才能成为犯罪主体，从而追究其刑事责任。

单位犯罪是指公司、企业、事业单位、机关、团体实施的危害社会的、依法应当负刑事责任的行为。单位犯罪具有如下特征：

1．犯罪主体的单位，包括法人，也包括非法人，但是单位犯罪必须是经单位决策机构决定或者由负责人决定实施的行为；

2．一般是单位为谋取非法利益，以单位名义实施的行为；

3．单位犯罪行为必须是法律明文规定的行为；

4．单位犯罪多数是故意的，少数是过失。

（四）犯罪的主观方面

犯罪的主观方面，是指犯罪主体对自己所实施的犯罪行为及其危害结果的心理态度，包括罪过、犯罪的动机和目的等因素。罪过表现为两种形式，即犯罪的故意和犯罪的过失。

1．犯罪的故意

犯罪的故意是指行为人明知自己的行为会发生危害社会的结果，并且希望或者放任这种结果发生的心理态度。犯罪的故意分为直接故意和间接故意。直接故意是指行为人明知自己的行为会发生危害社会的结果，并且希望这种结果发生的心理态度。间接故意是指行为人明知自己的行为可能发生危害社会的结果，并且放任这种结果发生的心理态度。

2．犯罪的过失

犯罪的过失是指行为人应当预见自己的行为可能发生危害社会的结果，因疏忽大意而没有预见，或者已经预见而轻信能够避免的心理态度。犯罪的过失分为过于自信的过失和疏忽大意的过失。过于自信的过失是指行为人已经预见到自己的行为可能发生危害社会的结果，但轻信能够避免，以致发生这种结果的心理态度。疏忽大意的过失是指行为人应当预见到自己的行为可能发生危害社会的结果，因为疏忽大意而没有预见，以致发生这种结果的心理态度。过失犯罪，法律有规定的才负刑事责任。

第五节　正当行为

正当行为是指客观上造成一定损害结果，形式上符合某些犯罪的客观要件，但实质上既不具备社会危害性，也不具备刑事违法性的行为，例如正当防卫、紧急避险、依法执行职务等。

正当行为具有如下特征：一是形式上具备某种犯罪的客观要件。

二是实质上不符合该种犯罪的构成特征，不具备社会危害性，也不具备刑事违法性。正当行为仅仅在客观上造成了一定的损害结果，但并不具备犯罪客体、犯罪主体、犯罪主观要件。正当行为不具有社会危害性，大多数正当行为对社会有益。

一、正当防卫

（一）正当防卫的概念

根据刑法第二十条规定，正当防卫是指为了使国家、公共利益、本人或者他人的人身、财产和其他权利免受正在进行的不法侵害，而对不法侵害者实施的制止其不法侵害且未明显超过必要限度的损害行为。

理解我国刑法中正当防卫的概念应注意把握以下几点：

1．正当防卫是法律赋予公民的一项权利

任何公民在面对公共利益、公民本人或他人的人身和其他权利遭到正在进行的不法侵害时，均有权对不法侵害者予以必要的损害。正当防卫作为公民的权利，并非制止不法侵害的最后手段。即使在公民有条件躲避非法侵害或求助于司法机关的情况下，公民仍有权实施正当防卫。换言之，我国刑法上的正当防卫并不仅是一种“不得已”的应急措施，而是鼓励公民与违法犯罪行为作斗争的一种积极手段。

2．正当防卫是针对不法侵害行为实施的正当、合法行为

正当防卫不仅不具有社会危害性，反而对社会有益，因而受国家法律的保护、支持和鼓励。

3．正当防卫不能明显超过必要限度

正当防卫除在特定条件下可以对不法侵害人造成伤亡而不属超过必要限度外，一般情况下对不法侵害者的损害都不能明显超过必要限

度。因此，公民在行使正当防卫权时，都必须符合法定的条件，不允许超越必要的限度，不允许滥用防卫权利。

（二）正当防卫的条件

公民享有正当防卫权，并不意味着公民可以任意实施防卫。正当防卫是采用损害不法侵害者的利益的方法实施的，法律为防止其滥用严格规定了正当防卫的合法条件。只有合法的防卫行为，才属正当行为，不负刑事责任。正当防卫应当满足以下五个条件：

1．防卫意图

正当防卫意图是指防卫人对正在进行的不法侵害有明确认识，并希望以防卫手段制止不法侵害，保护合法权益的心理状态。

2．防卫起因

正当防卫的起因条件是不法侵害的发生和存在。只能针对不法侵害实施，这是正当防卫的本质所在。如果不存在不法侵害，正当防卫就无从谈起。认定正当防卫的起因条件应注意三个方面：

（1）必须有不法侵害存在。即排除了对任何合法行为进行正当防卫的可能性。

（2）不法侵害必须是违法行为。违法性是法律对达到一定程度的危害社会行为所作的主客观综合评价。

（3）不法侵害的存在具有现实性。即不法侵害须客观真实地存在，而不是行为人所臆想或推测的。

3．防卫对象

正当防卫的对象是解决防卫人应当对什么人实施反击的问题。由于不法侵害是通过人的身体外部动作进行的，制止不法侵害就是要制止不法侵害人的行为能力。正当防卫的对象只能是不法侵害人。其理由如下：

（1）正当防卫的目的是及时有效地制止正在进行的不法侵害，而达到这一目的的最直接途径，就是对不法侵害人的人身、财产等权益造成必要的损害。

（2）不法侵害人行为的非法性，是法律上允许防卫人对其权益进行某种反击的根据。

4. 防卫时间

正当防卫的时间条件是指可以实施正当防卫的时间。当侵害行为尚未开始，尚未危及合法利益时，没有必要实施正当防卫；当侵害行为已经结束，危害结果已经发生时，正当防卫毫无意义。对侵害的事先预防和事后处罚，法律规定了其他措施。

5. 防卫限度

正当防卫的限度条件是指正当防卫不能明显超过必要限度且对不法侵害人造成重大损害。是否明显超过必要限度并造成重大损害，是区别防卫的合法与非法、正当与过当的标志。

（三）防卫过当及其刑事责任

防卫过当是指防卫明显超过必要限度造成重大损害应当负刑事责任的行为。防卫过当与正当防卫是两个既有本质区别又有密切联系的概念。首先，防卫过当在客观上有危害性、在主观上有罪过性。从总体上说是一种非法侵害行为，这是它区别于正当防卫的本质特征，也是刑法规定防卫过当应当负刑事责任的根据。其次，防卫过当与正当防卫一样，都具有行为的防卫性，这是它们的密切联系之所在。要成立防卫过当，也必须是在不法侵害正在进行，为了制止不法侵害保护合法权益，针对不法侵害人的前提下实施。只是因为防卫明显超过必要限度造成了重大的损害，才使防卫由正当变为过当，由合法变为非法。正基于此，我国刑法规定对防卫过当行为应当减轻或者免除处罚。

二、紧急避险

（一）紧急避险的概念

根据刑法第二十一条的规定，紧急避险是指为了使国家、公共利益、本人或者他人的人身、财产和其他权利免受正在发生的危害，不得已而采取的损害另一较小合法权益的行为。紧急避险与正当防卫一样，也是我国刑法明文规定的正当行为之一。

（二）紧急避险的条件

由于紧急避险是以损害某种合法权益的方法来保护另一种合法权益，为避免滥用紧急避险，法律规定了紧急避险的合法条件。只有符合一定的条件，紧急避险才有益于社会。

1．避险意图

紧急避险的主观条件即行为人必须有正当的避险意图，它决定着紧急避险的无罪过性，因而对紧急避险的成立有着重要意义。正当避险意图，是指避险人对正在发生的危险有明确的认识，并希望以避险手段保护较大合法权益的心理状态。

2．避险起因

只有合法权益遭受损害危险时才可以实施紧急避险。所谓危险，是指某种有可能立即对合法权益造成危害的紧迫事实状态。危险的主要来源有四种：

（1）自然的力量。

即由自然灾害造成的危险。如火灾、地震、山崩、海啸、水祸、风暴、塌方、泥石流等。

(2) 动物的侵袭。

动物的侵袭也可能对人身、财产安全构成威胁，如恶狗咬人、野兽冲撞、毒蛇袭击等等。如果打死的是一般的无主的动物，不构成紧急避险；只有打死、打伤属于特定人（国家、集体、个人）的动物时，才可能构成紧急避险。

(3) 非法侵害行为。

有责任能力的违法犯罪行为，无责任能力的危害社会行为，都会使某种合法权益处于危险状态，在不得已的情况下，都可以采取紧急避险。

(4) 人的生理、病理原因。

即因生理、病理需要不能满足而威胁人的生命的情况，如饥饿、疾病等。

3．避险时间

紧急避险的时间条件，是损害危险正在发生或迫在眉睫，对合法权益形成了紧迫的、直接的危险。危险正在发生，是指已经发生的危险将立即损害、或正在造成损害而尚未结束。紧急避险只能在危险已经出现而又尚未结束这一时间条件下进行，否则就不是紧急避险。危险的出现是这样一种状态，即由于某种事实的发生，合法权益直接面临迫在眉睫的危险。

4．避险对象

紧急避险针对的对象是第三者的合法权益。紧急避险的本质特征，就是为保全一个较大的合法权益，而将其面临的危险转嫁给另一个较小的合法权益。因而，紧急避险行为所指向的对象不是危险的来源，而是第三者的合法权益。如果行为人的行为是对危险的直接对抗，那么该行为就不是紧急避险。

5．避险限度

紧急避险不能超过必要的限度，造成不必要的损害。这是紧急避险的限度条件。

6．避险限制

紧急避险只能在不得已的情况下才能实施，这是紧急避险的客观限制条件。紧急避险从总体上来说是有益于社会的行为，因为它保全了较大的合法权益。但它从局部上来说也存在令人遗憾的消极方面，那就是它不可避免地要给无辜的第三者造成合法权益的损害。

7．避险禁止

根据刑法的规定，紧急避险中“关于避免本人危险的规定，不适用于职务上、业务上负有特定责任的人”。这是紧急避险的禁止条件。

上述七个条件，是紧急避险成立的必备要件，缺一不可。

（三）避险过当及其刑事责任

避险过当，是指避险行为超过必要限度造成不应有的损害的行为。根据我国刑法的规定，避险过当应当负刑事责任。

避险过当不是独立的罪名，刑法分则也没有对避险过当规定独立的法定刑。因此，在追究避险过当的刑事责任时，应当根据行为人的主观罪过形式及过当行为特征，按照刑法分则中的相应条款定罪量刑。例如，过失致人死亡罪、过失致人重伤罪等等。司法文书中应同时引用刑法总则关于避险过当的条款。

第六节　故意犯罪的形态

一、犯罪预备

犯罪预备是为实施犯罪准备工具、制造条件的行为。预备犯虽没有实现犯罪目的，但具有犯罪意图，并为犯罪准备工具、创造条件，这体现了预备犯的主观恶性，具有社会危害性，因此，对预备犯应当追究刑事责任。

犯罪预备具有两个主要特征：

一是行为人主观上具有实施犯罪的故意。

犯罪预备的目的是为了顺利地进行犯罪活动，实现犯罪意图，体现了预备犯的主观恶性，形成了对预备犯追究刑事责任的主观依据。

二是犯罪预备是为实行犯罪准备工具、制造条件的行为。

“准备工具”是指准备为实施犯罪所必需的作案工具和其他物品。“准备”包括收集、购买、制造以及非法获取等活动。“制造条件”是指除准备犯罪工具和其他物品以外的其他为顺利进行犯罪活动，达到犯罪目的而创造条件的行为。从准备工具对实施犯罪所起的作用来看，准备犯罪工具也是为实施犯罪制造条件。准备工具、制造条件，都是着手实施犯罪行为之前准备犯罪的行为，是具有社会危害性的行为，是追究其刑事责任的客观依据。

二、犯罪未遂

犯罪未遂是指已经着手进行犯罪，由于犯罪分子意志以外的原因而没有完成的行为状态。犯罪未遂必须同时具备以下三个条件：

（一）犯罪分子已经着手进行犯罪

犯罪分子已经着手进行犯罪是指犯罪分子开始实行刑法分则规定的某一具体犯罪构成客观要求的行为。“着手”是犯罪实行行为的开始，它标志着已由犯罪准备阶段开始进入犯罪的实行阶段。

（二）犯罪没有得逞

犯罪没有得逞是指犯罪分子的行为没有完成某一犯罪的全部构成要件，也就是没有完成犯罪。犯罪是否得逞是区分犯罪未遂和犯罪既遂的重要标志。

（三）犯罪没有得逞是由于意志以外的原因，即违背犯罪分子本意的其他因素

犯罪未遂的其他因素概括起来在主观方面的有：1. 被害人的发现、逃避和反抗；2. 第三人的阻止；3. 物的障碍；4. 意外情况的发生；5. 自然力的阻碍；6. 犯罪分子受到能力的限制，等等。在客观方面的有：1. 由于犯罪分子实施的方法、犯罪工具或者犯罪的对象发生认识上的错误，因而使犯罪分子不能按照犯罪分子的本意去完成；2. 犯罪分子对作案现场周围客观情况的认识障碍。

三、犯罪中止

犯罪中止是指犯罪分子在犯罪过程中，自动放弃犯罪或者自动有效地防止犯罪结果发生。由于行为人在犯罪过程中，自己主动放弃犯罪或者自动有效地防止犯罪结果的发生，无论是其行为的社会危害性还是行为人的主观恶性都相对较小。因此，对中止犯有必要规定较轻的刑罚。

犯罪中止的成立必须具备以下条件：

（一）犯罪中止必须发生在犯罪过程中

犯罪中止是故意犯罪发展过程中的一种犯罪形态，它可能发生在犯罪的预备阶段，也可能发生在犯罪的实行阶段。所谓“犯罪过程中”，是指犯罪既遂之前的整个犯罪过程中。犯罪既遂后的任何主动弥补损失的行为都不是犯罪中止，只是悔罪的表现。

（二）中止的自动性

中止的自动性是指犯罪分子在自己认为有可能将犯罪进行到底的情况下，出于本人意愿而自动地中止了犯罪，关于这个条件应该明确以下几点：

1．中止犯自己认为有可能把犯罪进行到底。

即使客观上其犯罪行为不可能进行到底，而他主观上认为是可能进行到底的，并主动把犯罪行为停止下来了，也应该认为是犯罪中止。

2．停止犯罪必须是出于犯罪分子本人的意愿。

如果犯罪分子在犯罪过程中遇到了自认为无法克服的困难，不可能把犯罪继续进行下去，而不得不停止犯罪，应视为未遂，而不是自动中止。

（三）中止的有效性

中止的有效性是指在犯罪完成以前自动放弃犯罪或者有效地防止犯罪结果的发生。这里包括以下两种情况：

1．在犯罪未实行终了的情况下，自动放弃犯罪行为。由于犯罪行为尚未实行终了，因此这时一般只要消极地不再把犯罪行为继续实行下去，就可避免犯罪结果的发生，从而也就可以成立犯罪中止。

2．在犯罪实行终了而犯罪结果尚未发生的情况下，由于距离犯罪结果发生还有一段时间，这时如果要中止犯罪，就不能只是消极地停止，还需积极地采取措施，以阻止犯罪结果的发生。

从以上犯罪中止成立的三个条件可以看出，犯罪中止也是主观和客观的统一：主观上自动放弃了犯罪意图，客观上放弃了犯罪或者有效地防止了犯罪结果的发生，这正是对中止犯应当免除或者减轻处罚的根据。

四、犯罪未完成形态的处罚

（一）犯罪预备。对于预备犯罪，可以比照既遂犯从轻、减轻处罚或者免除处罚。

（二）犯罪未遂。对于未遂犯，可以比照既遂犯从轻或者减轻处罚。

（三）犯罪中止。对于中止犯，没有造成损害的，应当免除处罚；造成损害的，应当减轻处罚。

第七节　共同犯罪

一、共同犯罪的概念

共同犯罪是相对于单独犯罪而言，共同犯罪是一种复杂的犯罪。根据刑法第二十五条第一款的规定，共同犯罪是指二人以上共同故意犯罪。

二、共同犯罪的条件

共同犯罪的成立，要求同时具备以下主体、客观和主观三个方面的条件：

（一）共同犯罪的主体条件

共同犯罪的主体，必须是二人以上，如果是自然人，必须达到刑事责任年龄，具有刑事责任能力；如果是单位，单位与单位可以构成共同犯罪，单位和个人也可以构成共同犯罪。具体来讲，包括以下几点：

1．共同犯罪的主体必须是两个以上的人。这是主体要件中的量的规定性因素。

2．如果是自然人，必须是两个以上达到了刑事责任年龄、具有刑事责任能力的人。这是主体要件中质的规定性因素。如果虽然符合量的规定性因素，即有两个以上的人，但是其中一人不具有刑事责任能力的，也不能构成共同犯罪。不具有刑事责任能力包括两种情况：一是未达到刑事责任年龄的人。二是其他不具有刑事责任能力的人。在我国除了未达到刑事责任年龄而不具有刑事责任能力外，还可能因为有精神障碍而不具有刑事责任能力。

3．不具有特殊身份的人往往不能单独构成特殊主体犯罪，但是可以与具有特殊身份的人一起成为特殊主体犯罪的共同犯罪主体。非国家工作人员一般不能单独构成贪污罪，但是可以与国家工作人员一起构成贪污罪的共同犯罪。

（二）共同犯罪的客观条件

共同犯罪必须具有共同犯罪行为。所谓共同犯罪行为是指各犯罪人的行为都指向同一犯罪，彼此联系、互相配合，成为一个有机统一的整体，它们与犯罪结果之间都存在着因果关系。具体来讲，应注意以下几点：

1．各行为人所实施的行为都必须达到犯罪的程度。这就要求：

(1) 各共同犯罪人所实施的行为都必须具有社会危害性；

(2) 各共同犯罪人所实施的行为都必须是刑法意义上的行为；

(3) 各共同犯罪人所实施的行为的社会危害性都必须达到足以构成犯罪的程度。

2．共同犯罪行为的表现形式。我们知道，犯罪行为存在作为和不作为两种基本表现形式。因而，共同犯罪行为有三种表现形式：

(1) 共同的作为。如甲和乙一起动手将丙打成重伤。

(2) 共同的不作为。如两海滩救险员商量后共同决定不去抢救其负有抢救义务的某落水游客，结果该游客被溺死。

(3) 作为与不作为的结合。

3．共同犯罪的行为分工。根据行为人之间的分工情况，共同犯罪行为可以分为两大类：一是共同实施实行行为。即各共同犯罪人均直接实施刑法分则具体犯罪构成客观方面的行为。二是实行行为、组织行为、教唆行为和帮助行为之间的分工。即各共同犯罪人不都直接实施刑法分则规定的具体的犯罪实行行为，而是由一部分人实施实行行为，另一部分人实施教唆行为、组织行为或者帮助行为。需要指出的是，共同犯罪行为的分工不影响共同犯罪的成立。

4．共同犯罪行为与犯罪结果之间具有因果关系。需要指出的是，与单个人犯罪的因果关系有所不同，共同犯罪的因果关系只要求共同犯罪行为的有机整体与犯罪结果之间存在因果关系，并不要求每一个共同犯罪人所具体实施的行为直接地导致犯罪结果的发生。只要共同犯罪人中的一个人的实行行为导致了犯罪结果的发生，全体共同犯罪人都应对该犯罪结果承担刑事责任。这就是共同犯罪之“部分行为，全体责任”刑事责任原则。比如，甲和乙约定打死丙，二人同时向丙开枪，结果甲的子弹出现偏差没有击中丙，乙的子弹击中丙导致丙死亡。在该案中，虽然只是乙的子弹击中丙致其死亡，但甲也应和乙一起对丙的死亡承担故意杀人既遂的责任。

（三）共同犯罪的主观条件

共同犯罪的行为人必须具有共同犯罪故意。所谓共同犯罪故意是指各行为人通过犯意联络，明知自己与他人共同实施犯罪会造成某种危害结果，并且希望或者放任这种危害结果发生的心理态度。

共同犯罪故意的罪过形式必须是故意，可以是直接故意，也可以是间接故意。共同犯罪故意也可以分为三种具体形式：

1．共同直接故意。即所有共同犯罪人都认识到共同犯罪行为会发生某种危害社会的结果，且都希望这种危害结果发生。

2．共同间接故意。即所有共同犯罪人都认识到共同犯罪行为会发生某种危害社会的结果，但却都放任这种危害结果的发生。

3．直接故意和间接故意的组合。即一部分共同犯罪人属于直接故意，另一部分共同犯罪人属于间接故意。

第八节　刑　罚

一、刑罚的概念、功能及其目的

（一）刑罚的概念

刑罚是指国家统治者和管理者用以惩罚犯罪的一种强制方法。我国刑罚是国家审判机关依法对犯罪分子适用的强制方法。

刑罚的特点：

1. 刑罚的性质为最严厉的法律制裁措施；

2. 刑罚的对象只能是犯罪行为；

3. 刑罚的适用与执行必须严格依照刑法规定；

4. 刑罚权的主体是国家审判机关。

这些特点也是刑罚与其他法律制裁措施的区别所在。

（二）刑罚的功能

刑罚的功能是指国家确立和运用刑罚同犯罪作斗争所产生的社会作用。它对不同的人有着不同的作用。

1. 刑罚对犯罪人的功能

主要包括惩罚的功能和改造的功能。惩罚功能表明刑罚适用于任何构成犯罪的行为人，都将造成精神或肉体上的痛苦。改造功能意味着刑罚的适用还应当产生将犯罪人改造为新人的作用。

2. 刑罚对社会的功能

主要包括对犯罪被害人的安抚功能和对社会其他成员的威慑与教育功能。对犯罪被害者的安抚功能表现为刑罚对罪犯加以惩罚，借以弥补被害人的心灵创伤、经济损失，平息社会的义愤。对社会其他成员的威慑与教育功能在于既威慑社会成员中的一些不稳定分子，使其不敢轻易实施犯罪，同时也教育广大人民群众提高法律意识，自觉与犯罪作斗争，保护自己和社会的合法利益。

（三）刑罚的目的

刑罚的目的，是指国家对犯罪分子适用刑罚的目的，也就是人民法院对犯罪分子适用刑罚追求的社会效果。这一目的的主要内容是预防犯罪、减少犯罪，并为最终消灭犯罪创造条件。刑罚目的主要通过一般预防和特殊预防两方面的活动予以实现。特殊预防是指通过对犯罪分子适用刑罚改造他们，预防他们重新犯罪。一般预防是指通过对犯罪分子适用刑罚，警戒社会上不稳定的、可能实施犯罪的分子，并教育广大人民群众积极参与预防和制止犯罪。特殊预防与一般预防两者关系十分密切，同等重要，不可偏废。

二、刑罚的体系和种类

刑罚的体系是指刑法所规定的并按一定次序排列的各种刑罚方法的总和。我国刑法所规定的刑罚分为主刑和附加刑两类，主刑包括管制、拘役、有期徒刑、无期徒刑、死刑五种。附加刑包括罚金、剥夺政治权利、没收财产三种。此外，对犯罪的外国人，可以适用驱逐出境。我国刑罚由主刑与附加刑构成一个完整的体系。

我国刑罚体系的特点：体现了罪刑相适应的基本原则；体现了改造罪犯为新人的原则；体现了刑罚的人道主义精神。

（一）主刑

主刑是对犯罪分子适用的主要刑罚方法。主刑只能独立适用，不能附加适用。一个犯罪只能适用一个主刑。主刑的种类包括管制、拘役、有期徒刑、无期徒刑、死刑。

1．管制

管制是刑罚五种主刑中唯一不剥夺犯罪分子自由的开放性刑种，属于限制自由的刑罚，适用于罪行较轻的刑事犯罪分子。管制的期限为三个月以上二年以下，数罪并罚不得超过三年。判处管制，人民法院可以根据犯罪情况，同时禁止犯罪分子在执行期间从事特定活动，进入特定区域、场所，接触特定的人。对判处管制的犯罪分子，依法实行社区矫正。管制期间被管制的罪犯必须遵守法律、法规。参加生产劳动的实行同工同酬。

2．拘役

拘役是指短期剥夺犯罪分子的自由，就近实行劳动改造的刑罚方法。拘役是短期剥夺自由的刑罚，适用于罪行较轻不需要进行较长时间关押的犯罪分子。拘役的期限为一个月以上六个月以下，数罪并罚不得超过一年。被拘役的犯罪分子，由公安机关就近执行，每月可以回家一至二天。参加劳动的酌量发给报酬。

3．有期徒刑

有期徒刑是指剥夺犯罪分子一定期限的自由，实行强迫劳动改造的刑罚方法。有期徒刑属于剥夺自由的刑罚。有期徒刑适用面较广，主要适用于罪行比较严重的犯罪分子。有期徒刑的期限为六个月以上十五年以下，数罪并罚，有期徒刑总和刑期不满三十五年的，最高不能超过二十年，总和刑期在三十五年以上的，最高不能超过二十五年。被处有期徒刑的罪犯，在监狱或其他劳改场所执行刑罚，有劳动能力的实行劳动改造。

4．无期徒刑

无期徒刑是指剥夺犯罪分子的终身自由，实行强迫劳动改造的刑罚方法。无期徒刑属于终身剥夺自由的刑罚，适用于罪行严重的犯罪分子。无期徒刑的执行也是在监狱执行，改造好的依法可以获得减刑或者假释。

5．死刑

死刑是剥夺犯罪人生命的刑罚方法，包括立即执行和缓期两年执行两种情况。由于死刑的内容是剥夺罪犯的生命，因此被称为生命刑。死刑是刑罚体系中最为严厉的刑罚方法。

我国刑法在适用死刑方面作了许多限制，以贯彻少杀、慎杀的刑事政策。具体表现为：一是在适用范围上进行限制，死刑只适用于罪行极其严重的犯罪分子；二是在适用对象上进行限制，犯罪时不满十八周岁的人、审判时怀孕的妇女不适用死刑，审判的时候已满七十五周岁的人，不适用死刑（以特别残忍手段致人死亡的除外）；三是在适用程序上进行限制，规定判处死刑的案件由中级以上人民法院负责审理，并应当经过严格的核准程序；四是在执行制度上进行限制，对判死刑如果不是必须立即执行的，可以同时宣告缓期二年执行，以观后效，这就是死刑缓期两年执行。

死刑缓期执行不是独立的刑种，而是死刑的一种执行方式。被判处死缓后，有三种不同的处理结局：

1. 被判处死刑缓期执行的，在死刑缓期执行期间，如果没有故意犯罪，二年期满以后，减为无期徒刑；

2. 如果确有重大立功表现，二年期满以后，减为二十五年有期徒刑；

3. 如果故意犯罪，查证属实的，由最高人民法院核准，执行死刑。

对被判处死刑缓期执行的累犯以及因故意杀人、强奸、抢劫、绑架、放火、爆炸、投放危险物质或者有组织的暴力性犯罪被判处死刑缓期执行的犯罪分子，人民法院根据犯罪情节等情况可以同时决定对其限制减刑。

（二）附加刑

附加刑是指补充主刑适用的刑罚方法，附加刑既可以附加主刑适用，也可以独立适用。我国附加刑的种类有：罚金、没收财产、剥夺政治权利以及适用于犯罪的外国人的驱逐出境。

1．罚金

罚金是指人民法院判处犯罪分子向国家无偿缴纳一定数额金钱的刑罚方法。罚金是财产刑，主要适用于具有贪利动机的犯罪。罚金的数额，由人民法院根据犯罪情节判处。罚金的执行，由人民法院根据情况决定一次缴纳或分期缴纳。

2．没收财产

没收财产是指将犯罪分子个人所有财产之一部或全部强制无偿地收归国有的刑罚方法。这是较罚金更严厉的财产刑，主要适用于罪行严重的犯罪分子。

3．剥夺政治权利

剥夺政治权利是指剥夺犯罪分子参加国家管理和社会政治活动权利的刑罚方法。这是一种资格刑，主要适用于危害国家安全犯罪、被判处死刑或无期徒刑的犯罪分子和其他严重犯罪的犯罪分子。

剥夺政治权利的内容包括：

一是选举权与被选举权；

二是宪法规定公民可享有的言论、出版、集会、结社、游行、示威自由的权利；

三是担任国家机关职务的权利；

四是担任国有公司、企业、事业单位和人民团体领导职务的权利。

剥夺政治权利的期限，除附加于死刑或无期徒刑适用和死缓或无期徒刑减为有期徒刑情形外，为一年以上五年以下；判处管制附加剥夺政治权利时，剥夺政治权利的期限和管制的期限相同，同时执行；附加于拘役或有期徒刑适用时，剥夺政治权利的期限为一年以上五年以下；附加于死刑或无期徒刑适用时，剥夺政治权利的期限则为终身剥夺；在死缓减为有期徒刑或无期徒刑减为有期徒刑时，剥夺政治权利的期限应改为三年以上十年以下。剥夺政治权利的刑期除了附加于管制时是同时执行外，应当从拘役、徒刑执行完毕之日或者从假释之日起计算，剥夺政治权利的效力，施用于主刑执行期间。

应当附加剥夺政治权利的情形有：对于危害国家安全的犯罪分子应当附加剥夺政治权利；对于被判处死刑、无期徒刑的犯罪分子，应当附加剥夺政治权利终身。

4．驱逐出境

驱逐出境是指将犯罪的外国人或无国籍人逐出我国国境的刑罚方法。它只适用于犯罪的外国人和无国籍人。

第九节　刑罚的裁量

量刑是指人民法院对犯罪分子裁量决定刑罚的一种审判活动。量刑是在定罪的基础上，解决对犯罪分子是否需要判刑，应判何种刑罚，多长刑期的问题。它是全部审判活动的重要组成部分，对于实现刑法任务和刑罚目的，具有重要意义。

一、量刑原则

对于犯罪分子决定刑罚的时候，应当根据犯罪的事实、犯罪的性质、情节和对于社会的危害程度，依照刑法的有关规定判处。

（一）犯罪的事实

犯罪的事实是指行为人的行为是否具备刑法规定的某种犯罪构成。犯罪事实包括：犯罪主体是否为具有完全刑事责任能力的人；犯罪的主观方面是故意还是过失，犯罪的动机、目的；犯罪的客观方面，危害社会的后果、行为和后果之间的因果关系以及犯罪的时间、地点和方法。

（二）犯罪性质

犯罪性质是指犯罪在法律上触犯何种罪名的情况。犯罪性质决定罪名，因而决定了量刑的适用。

（三）犯罪情节

犯罪情节指犯罪构成以外的，影响社会危害程度的其他事实情况。

（四）犯罪危害程度

犯罪危害程度是指犯罪行为对社会主义社会关系危害状况的综合评定，它是影响量刑轻重的最重要依据。

二、量刑情节

量刑情节是指在某种行为已经构成犯罪的前提下，人民法院对犯罪人裁量刑罚时应当考虑的，据以决定量刑轻重或者免除刑罚处罚的各种情况。量刑情节包括法定情节和酌定情节两种。

（一）法定情节

法定情节是指法律明文规定在量刑时必须予以考虑的情节。具体包括：

1．从重处罚情节，即在法定刑限度内对犯罪分子适用较重的刑种或较长的刑期。

2．从轻处罚情节，即在法定刑限度内对犯罪分子适用相对较轻的刑种或相对较短刑期的情况。从轻处罚在刑法中有“应当”和“可以”两种规定。

3．减轻处罚情节，减轻处罚是指在法定最低刑以下判处刑罚。犯罪分子具有减轻处罚情节的，应当在法定刑以下判处刑罚；有数个量刑幅度的，应当在法定量刑幅度的下一个量刑幅度内判处刑罚。另外，需要注意减轻处罚的特殊情形：犯罪分子不具有减轻处罚情节，但是根据案件的特殊情况，经最高人民法院核准，也可以在法定刑以下判处刑罚。

刑法规定的减轻刑罚的情节包括两类：一类是应当减轻刑罚的；另一类是可以减轻刑罚的。我国刑法规定减轻处罚的情节有：预备犯、未遂犯、中止犯、从犯、胁从犯、犯罪后自首、立功等。

4．免除处罚情节，是指对犯罪分子在有罪宣告的前提下，不给予处罚的情况。

刑法中的法定量刑情节，通常有几个不同性质情节前后依次排列，在适用时，应当首先考虑适用排在最前的情节，如有不宜适用的情况，才可考虑适用后一个情节。在多种法定情节相互交叉、重叠的场合如何适用，应当根据具体情况决定。

（二）酌定情节

酌定情节是指法律未作明文规定，而是从审判实践经验中总结出来的，在量刑时可以灵活掌握适用的情节。酌定情节不具有法定的强制性，但它是法定情节的必要补充。常见的酌定情节有：犯罪的动机、手段、环境、条件、对象、时间、损害后果、犯罪人的一贯表现和犯罪后的认罪态度等。

三、累犯

累犯是指因犯罪受过一定刑罚处罚，在刑罚执行完毕或赦免以后，在法定期限内又犯一定之罪的犯罪分子。我国刑法中的累犯有一般累犯和特别累犯两种类型。

（一）一般累犯

一般累犯是指犯故意之罪被判处有期徒刑以上刑罚，在刑罚执行完毕或者赦免以后的五年之内又犯应当被判处有期徒刑以上刑罚之故意罪的犯罪分子。构成一般累犯应当具备下列条件：

1. 前罪和后罪必须都是被判处有期徒刑以上刑罚的，包括被判处有期徒刑、无期徒刑和死刑的犯罪分子。

2. 后罪发生的时间必须在前罪的刑罚执行完毕或者赦免以后五年以内。对于被假释的犯罪分子，应当从假释期满之日起计算。

3. 前罪和后罪必须都是故意犯罪。如果其中有一个是过失犯罪，则不构成累犯。

4. 犯罪分子在犯前罪和后罪时必须都是年满十八周岁以上的人。

（二）特别累犯

特别累犯是指危害国家安全犯罪、恐怖活动犯罪、黑社会性质的组织犯罪的犯罪分了，在刑罚执行完毕或者赦免以后，在任何时候再犯上述一类罪的，都以累犯论处。特别累犯的构成条件有：

1. 犯罪分子犯的前罪和后罪都是危害国家安全犯罪、恐怖活动犯罪、黑社会性质的组织犯罪。前罪或者后罪中一罪不属于上述犯罪范围的，不能构成刑法规定的特殊累犯。

2．特殊累犯不受刑罚执行完毕或者赦免以后，在五年内再犯的时间限制。即危害国家安全犯罪、恐怖活动犯罪、黑社会性质的组织犯罪的犯罪分子，在前罪的刑罚执行完毕或者赦免之后，不论何时再犯上述罪行的，都构成累犯，不受五年期限的限制。

四、自首和立功

（一）自首

自首有一般自首和特殊自首两种类型。对于自首的犯罪分子，可以从轻或者减轻处罚。其中，犯罪较轻的，可以免除处罚。

1．一般自首

一般自首是指犯罪分子犯罪以后，自动投案，如实交代自己的罪行，并接受审查和裁判的行为。一般自首的条件如下：

第一，犯罪以后自动投案。

自动投案是指犯罪分子犯罪以后，犯罪事实未被司法机关发现以前；或者犯罪事实虽被发现，但不知何人所为；或者犯罪事实和犯罪分子均已被发现，但是尚未受到司法机关的传唤、讯问或者尚未被采取强制措施之前，主动到司法机关或者所在单位、基层组织等投案，接受审查和追诉的。

第二，如实供述自己的罪行。

如实供述自己的罪行，即指犯罪分子投案后，对于自己所犯的罪行，不管司法机关是否掌握，都必须如实地全部向司法机关供述，不能有隐瞒。对于共同犯罪中的犯罪分子，不仅应如实供述自己的犯罪行为，还应供述与其共同实施犯罪的其他共犯的共同犯罪事实。

2．特殊自首

特殊自首是指被采取强制措施的犯罪嫌疑人、被告人和正在服刑的罪犯，如实供述司法机关还未掌握的本人其他罪行的行为。特殊自首的条件如下：

第一，对象是已经被司法机关采取强制措施的犯罪嫌疑人、被告人和正在服刑的罪犯。

“强制措施”是指我国刑事诉讼法规定的拘传、拘留、取保候审、监视居住、逮捕。“正在服刑”是指已经经过人民法院判决，正在执行刑罚的罪犯。

第二，如实供述的内容是司法机关还未掌握的本人其他罪行。

司法机关还未掌握的本人其他罪行，是指司法机关根本不知道、还未掌握犯罪嫌疑人、被告人和正在服刑的罪犯的其他罪行，是司法机关正在追查或已经追究的行为人所犯罪行以外的其他犯罪行为。

3．其他自首情形

除一般自首和特殊自首以外，其他如实供述自己的罪行的，可以从轻处罚；因其如实供述自己的罪行，避免特别严重后果发生的，可以减轻处罚。

（二）立功

立功是指犯罪分子有揭发他人犯罪行为，查证属实的，或者提供重要线索，从而得以侦破其他案件等立功表现的，可以从轻或者减轻处罚；有重大立功表现的，可以减轻或者免除处罚。立功分为一般立功和重大立功。

一般立功主要表现为：犯罪分子到案后检举、揭发他人犯罪行为，包括共同犯罪案件中的犯罪分子揭发同案犯共同犯罪以外的其他犯罪，经查证属实的；提供侦破其他案件的重要线索，经查证属实的；阻止他人犯罪活动；协助司法机关抓捕其他犯罪嫌疑人（包括同案犯）；具有其他有利于国家和社会的突出表现。

重大立功主要表现为：犯罪分子检举、揭发他人重大犯罪行为，经查证属实；提供侦破其他重大案件的重要线索，经查证属实；阻止他人重大犯罪活动；协助司法机关抓捕其他重大犯罪嫌疑人（包括同案犯）；对国家和社会有其他重大表现等。

五、数罪并罚

（一）数罪并罚的概念及其意义

数罪并罚是指一人身犯数罪，人民法院对其所犯各罪分别定罪量刑后，按照一定的原则，决定应当执行的刑罚。

数罪并罚的特征有：一人犯有数罪；判决宣告以前犯的数罪，或者判决宣告以后，刑罚还没执行完毕以前发现漏罪或刑罚执行完毕前又犯新罪；在对数罪分别定罪量刑的基础上决定应当执行的刑罚。

（二）数罪并罚的原则

数罪并罚的原则是指对一人所犯数罪合并处罚所依据的原则。我国数罪并罚时所采用的原则是以限制加重原则为基础，以吸收、并科原则为补充的折中原则。

1．数罪中只要有一罪被判处死刑或无期徒刑的，只执行一个死刑或无期徒刑。

2．数罪中被判处几个有期徒刑、拘役、管制的，在总和刑期以下，数刑中最高刑期以上酌情决定执行的刑期。但管制最高不能超过三年，拘役最高不能超过一年，有期徒刑总和刑期不满三十五年的，最高不能超过二十年，总和刑期在三十五年以上的，最高不能超过二十五年。

3．数罪中有判处附加刑的，附加刑仍须执行，其中附加刑种类相同的，合并执行，种类不同的，分别执行。

（三）数罪并罚的适用

根据刑法第六十九条、第七十条、第七十一条的规定，我国刑法中数罪并罚的适用有以下三种情况。

1．判决宣告前一人犯数罪的并罚

按照刑法第六十九条的规定，对于判决宣告以前，一人犯有两种或两种以上不同的罪，总的处罚原则是：在总和刑期以下，数刑中最高刑期以上酌情决定执行的刑期。人民法院在量刑时，应当先就数罪中的每一种犯罪分别量刑，然后再把每罪判处的刑罚相加，计算出总和刑期，最后在数罪中的最高刑期以上和数罪总和刑期以下，决定执行的刑罚。

2．判决宣告以后发现漏罪的并罚

按刑法第七十条规定，对判决宣告后，刑罚还没有执行完毕以前，发现尚有漏罪未曾判决，应对该罪另作判决，然后把前后二罪判决依刑法第六十九条规定，决定应执行的刑期。已经执行的刑期应当计算在新判决所决定的刑期以内。这种并罚称作“先并后减”。这里所述漏罪包括同种数罪和异种数罪。所述漏罪应是在前罪判决宣告以前实施，未过法定追诉时效，并在前罪刑罚执行过程中被发现。

3．判决宣告后又犯新罪的并罚

根据刑法第七十一条规定，对判决宣告后，刑罚执行完毕以前又犯新罪的，应对后罪作出判决，把前罪未执行完的刑罚与后罪所判刑罚依照刑法第六十九条规定处理。这种并罚称作“先减后并”。这里所述新罪，与前罪可以是同种数罪，也可以是异种数罪。“先并后减”与“先减后并”的区别：适用的对象不同；并罚的基础不同；严厉程度不同。

第十节 刑罚的执行

一、刑罚执行的概念、目的及原则

（一）刑罚执行的概念

刑罚执行是指法律规定的刑罚执行机关，依法将发生法律效力的刑事裁判所确定的刑罚内容付诸实施，并解决由此产生的法律问题所进行的各种活动。

（二）刑罚执行的目的

刑罚执行的根本目的在于最大限度地矫正犯罪、预防再犯，即消除罪犯的犯罪意识，矫正罪犯的行为恶习，培养罪犯的刑罚感受能力和社会适应能力。

（三）刑罚执行的原则

所谓刑罚执行的原则是指刑罚执行机关在惩罚和改造罪犯过程中所必须遵循的具有普遍约束力和严格规范性的运行准则。它服务于刑罚执行的目的，指导刑罚执行的组织与运作，保证刑罚执行活动的方向性、规范性，体现刑罚执行的内在要求。

刑罚执行的原则主要有：

1．合法性原则。

2．惩罚与改造相结合、教育和劳动相结合的原则。

3．人道主义原则。

二、缓刑

（一）缓刑的概念及意义

缓刑是对于被判处拘役、三年以下有期徒刑，符合法定条件的犯罪分子，在一定期限内暂不关押，予以考察的刑罚执行制度。缓刑的特点是判了一定的刑罚而又暂不予以执行，但在一定考验期内保留执行原判刑罚的可能性。缓刑既可避免短期自由刑的弊端；又可有利于罪犯的改造，实现刑罚目的；同时，也有利于罪犯家属生活的稳定和社会的安定。

（二）缓刑适用的条件

1．适用缓刑的对象必须是被判处拘役或三年以下有期徒刑的犯罪分子，也就是罪行较轻的犯罪分子。这是前提条件。

2．适用缓刑的对象必须满足以下条件：一是犯罪情节较轻；二是有悔罪表现；三是没有再犯罪的危险；四是宣告缓刑对所居住社区没有重大不良影响。这是缓刑的实质条件。

3．适用缓刑的对象不能是累犯和犯罪集团的首要分子。这是缓刑的对象限制条件。

对于符合上述适用缓刑条件的不满十八周岁的人、怀孕的妇女和已满七十五周岁的人，法律规定应当宣告缓刑。

（三）缓刑的考察和法律后果

1．缓刑的考验期

拘役的缓刑考验期限为原判刑期以上一年以下，但不能少于二个月；有期徒刑的缓刑考验期限为原判刑期以上五年以下，但不能少于一年。缓刑考验期从判决确定之日起算，即判决生效之日起计算。缓刑考验期内依法实行社区矫正。

2．缓刑的法律后果

（1）缓刑考验期内，未犯新罪，没有漏罪，没有违反法律、行政法规或者国务院有关部门关于缓刑的监督管理规定或者人民法院判决中的禁止令，考验期满，原判刑罚，不再执行。

（2）在缓刑考验期限内又犯新罪或者发现判决宣告以前还有其他罪没有判决的，应当撤销缓刑，实行数罪并罚。

（3）被宣告缓刑的犯罪分子，在缓刑考验期限内，违反法律、行政法规或者国务院有关部门关于缓刑的监督管理规定，或者违反人民法院判决中的禁止令，情节严重的，应当撤销缓刑，执行原判刑罚。

（四）对战时犯罪军人的特殊缓刑制度

刑法第四百四十九条规定：在战时，对被判处三年以下有期徒刑没有现实危险宣告缓刑的犯罪军人，允许其戴罪立功，确有立功表现时，可以撤销原判刑罚，不以犯罪论处。

三、减刑

（一）减刑的概念

减刑是指对于被判处管制、拘役、有期徒刑或者无期徒刑的犯罪分子，因其在刑罚执行期间确有悔改或者立功表现，而适当减轻其原判刑罚的刑罚制度。减刑的意义在于及时鼓励犯罪分子继续加速改造，使其早日成为有益于社会之人。

（二）减刑适用的条件

1．减刑的对象是被判处管制、拘役、有期徒刑或者无期徒刑的犯罪分子。

2．犯罪分子在服刑期间，确有悔改或立功表现的可以减刑；有重大立功表现的应当减刑。

（三）减刑次数和幅度

减刑可以不受次数限制，但经过多次或一次减刑，对犯罪分子实际执行的刑期，必须不少于法定的限度。无期徒刑不能少于十三年；其他刑罚不少于原判刑罚二分之一；对于依照刑法第五十条第二款规定限制减刑的死刑缓期执行的犯罪分子，缓期执行期满后依法减为无期徒刑的，不能少于二十五年，缓期执行期满后依法减为二十五年有期徒刑的，不能少于二十年。

四、假释

（一）假释的概念

假释是指对于被判处有期徒刑、无期徒刑的犯罪分子，在执行期间确有悔改表现不致再危害社会的，执行一定的刑期后，附条件地将其提前释放的一种制度。假释与刑满释放都是解除监禁，但两者性质不同。

（二）假释适用的条件

1．适用假释的对象有三类：一是被判处有期徒刑的犯罪分子；二是被判处无期徒刑的犯罪分子；三是原判死刑缓期执行，被依法减刑的犯罪分子。

2．适用假释的对象必须实际执行一定的刑期。被判处有期徒刑的犯罪分子，必须实际执行原判刑期二分之一以上；被判处无期徒刑的犯罪分子，必须实际执行原判刑期的十三年以上。这是适用假释的时间条件。如果有特殊情况，经最高人民法院核准，可以不受上述执行刑期的限制。

3．适用假释的对象必须认真遵守监规，接受教育改造，确有悔改表现，没有再犯罪的危险的。这是适用假释的实质条件。

（三）假释的考验期

有期徒刑的假释考验期为没有执行完毕的刑期；无期徒刑的假释考验期为十年。假释考验期，从假释之日起计算。

（四）不得假释的情形

1．累犯不得假释。因为累犯主观恶性较深，再犯的可能性较大。

2．故意杀人、强奸、抢劫、绑架、放火、爆炸、投放危险物质或者有组织的暴力性犯罪被判处十年以上有期徒刑、无期徒刑的犯罪分子不得假释。

（五）假释的法律后果

1．假释考验期内，未犯新罪，没有漏罪，未有严重违法行为，考验期满，原判刑罚，认为已经执行完毕，并公开予以宣告；

2．被假释的犯罪分子，在假释考验期内再犯新罪，应当撤销假释，依照刑法第七十一条的规定实行数罪并罚；

3．在假释考验期内，发现被假释的犯罪分子在判决宣告以前还有其他罪没有判决的，应当撤销假释，依照刑法第七十条的规定实行数罪并罚；

4．被假释的犯罪分子，在假释考验期内，有违反法律、行政法规或者国务院有关部门关于假释的监督管理规定的行为，尚未构成新的犯罪的，应当依照法定程序撤销假释，收监执行未执行完毕的刑罚。

第十一节　刑罚的消灭

一、刑罚的消灭

刑罚消灭是指由于法定或实施原因，致使代表国家的司法机关不能对犯罪人行使具体的刑罚权。

刑罚消灭以行为人的行为构成犯罪为前提，在行为不构成犯罪的情况下，不存在刑罚消灭的问题。刑罚消灭意味着司法机关不能对犯罪人行使具体刑罚权。刑罚消灭必须基于一定的事由。

二、刑罚消灭的事由

根据我国刑法的规定，刑罚消灭事由主要有：

（一）超过追诉时效的；

（二）经特赦令免除刑罚的；

（三）告诉才处理的犯罪，没有告诉或者撤回告诉的；

（四）犯罪嫌疑人、被告人死亡的；

（五）其他法定事由。

三、时效

（一）时效的概念

追诉时效是指依照法律规定对犯罪分子追究刑事责任的有效期限。在法定的追诉时效内，司法机关有权依法追究犯罪分子的刑事责任；超过法定追诉时效，不应再追究犯罪分子的刑事责任，已经追究的，应当撤销案件或者不起诉或者终止审理。

（二）追诉期限

犯罪经过下列期限不再追诉：

1．法定最高刑为不满五年有期徒刑的，经过五年。

2．法定最高刑为五年以上不满十年有期徒刑的，经过十年。

3．法定最高刑为十年以上有期徒刑的，经过十五年。

4．法定最高刑为无期徒刑、死刑的，经过二十年。如果二十年以后认为必须追诉的，须报请最高人民检察院核准。

追诉时效期限以法定最高刑为标准，不是以实际应当判处的刑罚为标准。

（三）追诉期限的计算

1．一般犯罪追诉期限的计算

一般犯罪追诉期限的起算时间从犯罪之日起计算。“犯罪之日”应是犯罪成立之日，即行为符合犯罪成立条件之日。

2．连续或继续犯罪追诉期限的计算

犯罪行为有连续或者继续状态的，从犯罪行为终了之日起计算。犯罪行为处于连续状态的，是指犯罪分子连续实施同一罪名的犯罪；连续状态是指犯罪分子在一定时期内，以一个故意连续实施数个独立的犯罪行为触犯同一罪名的。犯罪行为处于继续状态的，是指犯罪分子的犯罪行为在一定时间内处于持续状态的，时效期限自这种持续状态停止的时候起开始计算；“继续状态”是指犯罪分子实施的同一犯罪行为在一定时间内处于接连不断的状态。

3．追诉时效的延长

追诉时效的延长，是指在追诉时效的进行期间，因为发生法律规定的事由，而使追诉时效暂时停止执行。

在人民检察院、公安机关、国家安全机关立案侦查或者在人民法院受理案件后，逃避侦查或者审判的，不受追诉期限的限制。

被害人在追诉期限内提出控告，人民法院、人民检察院、公安机关应当立案而不予立案的，不受追诉时效的限制。

四、追诉时效的中断

追诉时效的中断，是指在时效进行期间，因发生法律规定的事由，而使以前所经过的时效期间归于无效，法律规定的事由终了之时，时效重新开始计算。

刑法第八十九条第二款规定，在追诉期限以内又犯罪的，前罪追诉的期限从犯后罪之日起计算。

第二章　刑法各论

第一节　刑法分则的体系

一、我国刑法分则体系的概念

刑法分则体系是指刑法分则按照一定的标准和规则，将具体犯罪分为若干类，并进行合理排列而形成的有机体。

二、我国刑法分则体系的特点

第一，根据犯罪的同类客体，把犯罪分为十大类，并在刑法分则以十章规定。

第二，刑法分则各大类犯罪的体系，大体上是按照犯罪同类客体的重要性由重到轻的顺序排列的。

第三，在每一类犯罪中，各种具体犯罪的体系，大体上是按照直接客体的性质及犯罪的社会危害程度，由重到轻排列的，同时也考虑到某些犯罪之间的共同特点而有适当的调整。

第二节　危害国家安全罪概述

一、危害国家安全罪的概念

危害国家安全罪是指故意危害中华人民共和国的主权领土完整与安全、颠覆国家政权、推翻社会主义制度的行为。

二、危害国家安全罪的特征

（一）本类犯罪侵犯的客体是国家的安全

所谓国家安全，是指我国主权、领土完整和安全以及人民民主专政的政权和社会主义制度的安全。国家安全是全国各族人民的根本利益所在，因而我国刑法把同危害国家安全犯罪作斗争放在首要地位，并予以严厉的制裁。

（二）本类犯罪在客观方面表现为危害中华人民共和国安全的行为

危害国家安全的犯罪和其他刑事犯罪虽然都是危害社会的行为，但其表现形式和内容各不相同，危害国家安全的行为是足以侵害国家和人民根本利益的严重犯罪行为。本类犯罪在行为方式上既可以是作为，也可以是不作为。

（三）本类犯罪的主体多数为一般主体

无论是中国公民、外国公民或无国籍人，无论是有特定身份者还是无特定身份者，均可构成。但是少数犯罪要求是特殊主体，如背叛国家罪、投敌叛变罪的主体只限于中国公民。公务员叛逃罪必须是具有公务员身份的人才能构成。

（四）本类犯罪在主观方面只能出自直接故意

即明知自己的行为会危害中华人民共和国的安全，而仍然实行该行为。

三、危害国家安全罪的种类

根据我国刑法分则第一章的规定，危害国家安全罪包括以下十二种具体罪名：背叛国家罪，分裂国家罪，煽动分裂国家罪，武装叛乱、暴乱罪，颠覆国家政权罪，煽动颠覆国家政权罪，资助危害国家安全犯罪活动罪，投敌叛变罪，叛逃罪，间谍罪，为境外窃取、刺探、收买、非法提供国家秘密、情报罪，资敌罪。

☆“煽动颠覆国家政权罪”解读

一、立法背景

我国是人民民主专政的社会主义国家，不允许任何人以任何形式破坏。煽动颠覆国家政权的行为会危害我国的根本制度，因此，刑法规定了本罪。

二、条文解读

（一）概念

煽动颠覆国家政权罪是指以造谣、诽谤或者其他方式煽动颠覆国家政权、推翻社会主义制度的行为。

（二）构成

1．主体要件

本罪的主体为一般主体，即达到法定刑事责任年龄、具有刑事责任能力的自然人。

2．客观要件

本罪的客观要件为以造谣、诽谤或者其他方式煽动颠覆国家政权、推翻社会主义制度的行为。所谓造谣，是指为了达到颠覆国家政权、推翻社会主义制度的目的而无中生有，捏造虚假事实，迷惑群众；所谓诽谤，是指为了达到颠覆政权、推翻社会主义制度的目的，而散布有损于国家政权和社会主义制度的言论，以损害国家政权的形象。行为人只要具有以造谣、诽谤或者其他方式煽动颠覆国家政权、推翻社会主义制度的行为，不管其所煽动的对象是否相信或接受其所煽动的内容，也不管其是否去实行所煽动的有关颠覆活动，均不影响本罪的成立。

3．主观要件

构成本罪的行为人在主观上必须具有颠覆国家政权、推翻社会主义制度的故意。

4．客体要件

本罪侵犯的客体是人民民主专政的政权和社会主义制度。

（三）处罚

以造谣、诽谤或者其他方式煽动颠覆国家政权、推翻社会主义制度的，处五年以下有期徒刑、拘役、管制或者剥夺政治权利；首要分子或者罪行重大的，处五年以上有期徒刑。

三、典型案例

近年来，刘某某以造谣、诽谤等方式煽动颠覆国家政权、推翻社会主义制度，违反了《中华人民共和国刑法》，涉嫌煽动颠覆国家政权罪，北京市公安机关依法对刘某某立案侦查，2009 年 6 月 23 日经检察机关批准逮捕。经初步审查，刘某某已对公安机关指控的犯罪事实供认不讳。北京市第一中级人民法院于 2009 年 12 月 25 日作出判决，以煽动颠覆国家政权罪判处刘某某有期徒刑十一年，剥夺政治权利二年。刘某某不服，向北京市高级人民法院提出上诉。北京市高级人民法院经审理认为，一审判决认定的事实清楚，证据确实、充分，定罪准确，量刑适当，审判程序合法，于 2010 年 2 月 11 日作出裁定，驳回上诉，维持原判。

【案件评析】

法院判决刘某某构成煽动颠覆国家政权罪具有充分的法律依据和事实根据。言论自由是一项极端重要的公民权利，受到中国宪法和法律的严格保护，但这并不意味着公民在行使该项权利时可以不受任何限制。中国宪法在规定公民享有言论自由的同时，于第五十一条、第五十四条规定，“中华人民共和国公民在行使自由和权利的时候，不得损害国家的、社会的、集体的利益和其他公民的合法的自由和权利”；

"中华人民共和国公民有维护祖国的安全、荣誉和利益的义务，不得有危害祖国的安全、荣誉和利益的行为"。宪法作出的这一必要限制，不仅仅是公民其他宪法权利得以充分实施的先决条件，同时与联合国《公民权利和政治权利国际公约》的精神是完全一致的。

本案中，刘某某煽动颠覆国家政权，意图推翻社会主义制度的行为已经超出了言论自由的范围，其行为构成煽动颠覆国家政权罪。

☆"为境外窃取、刺探、收买、非法提供国家秘密、情报罪"解读

一、立法背景

1988年全国人大常委会制定了《关于惩治泄露国家秘密犯罪的补充规定》，规定"为境外的机构、组织、人员窃取、刺探、收买、非法提供国家秘密的，处五年以上十年以下有期徒刑；情节较轻的，处五年以下有期徒刑、拘役或者剥夺政治权利；情节特别严重的，处十年以上有期徒刑、无期徒刑或者死刑，并处剥夺政治权利"。1997年刑法修订时将上述内容纳入了刑法典。

二、条文解读

（一）概念

为境外窃取、刺探、收买、非法提供国家秘密、情报罪是指为境外的机构、组织、人员窃取、刺探、收买、非法提供国家秘密或者情

报的行为。

（二）构成

1．主体要件

本罪的主体是一般主体，即无论是中国公民还是非中国公民，都可以构成本罪。

2．客观要件

行为人客观上实施了为境外的组织、机构和人员窃取、刺探、收买、非法提供国家秘密或者情报的行为。“窃取”是指行为人采用各种秘密手段，如盗窃、偷拍、偷录等行为而取得国家秘密或情报的行为；“刺探”是指行为人通过各种途径和手段非法探知国家秘密或情报的行为；“收买”是指行为人通过以给予财物或者其他物质性利益的方法非法得到国家秘密或者情报的人员；“非法提供”是指国家秘密或者情报的持有人，将自己知悉、管理、持有的国家秘密或情报非法出售、交付、告知其他不应知悉该秘密或情报的境外组织、机构、人员的行为。

3．主观要件

行为人主观上出于故意。

4．客体要件

本罪侵犯的客体是国家的安全，即人民民主专政的政权和社会主义制度。

（三）处罚

为境外的机构、组织、人员窃取、刺探、收买、非法提供国家秘密或者情报的，处五年以上十年以下有期徒刑；情节特别严重的，处十年以上有期徒刑或者无期徒刑；情节较轻的，处五年以下有期徒刑、拘役、管制或者剥夺政治权利。

三、典型案例

××××年9月至10月间，被告人林某接受林某飞提供的“情报搜集提纲”，伙同林某棠窜到被告人原服役的大连市海军航空兵土城子场站，从在该部队服役的赖×、高×兴、陈×等人处，搜集我军内书籍、《海军杂志》、《航空杂志》、《人民海军报》等大量情报资料。从大连回连江后，林某伙同林某寿乘魏×的船至马祖海域，将所搜集到的我军内情报交给台湾军情局马祖站间谍组织，同时把自己的“士兵证”也交给间谍人员查看，用化名“林伟光”领取经费700美元，林某分得赃款300多美元。认定上述事实的证据有：证人证言、中国人民解放军海军福建基地保密委员会证明，被告人林某亦供述在案，且与上述证据能互相印证。

另外，××××年4月间，林某独自又窜到大连市海军航空兵土城子场站，从在该部队服役的赖×、高×兴、陈×等人处搜集海军航空兵土城子场站1983年、1985年、1989年飞行训练安全措施等方面的文件，以及部队书籍、刊物等大量情报资料带回连江，再次雇魏×开船出海，到马祖海域台湾军情局马祖站间谍船上，将情报资料交给该站间谍，领取了经费1350美元。认定上述事实的证据有：证人证言、海军航空兵第二师政治部保卫科关于外场飞行保障指挥室资料室的六份机密、秘密文件丢失下落不明的报告、海军航空兵土城子场站保密委员会密级证明等，被告人林某的供述与上述证据能互相印证。

据此，一审人民法院认为被告人林某的行为已构成为境外窃取、刺探、收买、非法提供国家秘密、情报罪。依法判处：被告人林某犯为境外窃取、刺探、收买、非法提供国家秘密、情报罪，判处有期徒刑九年，剥夺政治权利二年。

被告人林某上诉。二审人民法院依法维持原判，驳回上诉。

【案件评析】

本案中，林某多次采用非法手段获取我国的秘密及情报，并将这些情报提供给台湾军情局马祖站间谍组织，其行为已经构成了为境外窃取、刺探、收买、非法提供国家秘密、情报罪，因此，法院的判决是正确的。

第三节 危害公共安全罪概述

一、危害公共安全罪的概念

危害公共安全罪是指故意或者过失实施危害不特定多数人的生命、健康、重大公共财产安全以及其他公共利益安全的行为。

二、危害公共安全罪的特征

（一）本类犯罪侵犯的客体是公共安全

所谓公共安全，是指不特定多数人的生命、健康和重大公共财产安全以及其他公共利益安全。这里的“不特定”，是与特定相对而言的，它是指犯罪行为可能侵害的对象和可能造成的危害结果事先无法确定，行为人对此既无法预料也难以控制。例如，在公共交通工具上安放爆炸装置，可能造成乘车的多人伤亡；在河流水源中投毒，可能会使饮用该水的无数人畜中毒死亡等。如果犯罪行为指向特定的人身或者财产，而不直接危及不特定多数人的生命、健康和重大公私财产的安全，则不构成危害公共安全罪，而应当分别属于侵犯人身权利或者侵犯财产权利的犯罪。

应当注意，行为人的具体行为是否构成危害公共安全罪，不能以行为人主观上有无确定的侵犯对象或者侵犯目标作为依据，不能以行为是否产生实际的严重后果作为依据，而应当以行为是否可能在一定条件下具有产生不特定严重后果的可能性和危险性来认定，应当根据行为在客观上是否有危害公共安全的本质属性来具体认定。换言之，无论行为人实施犯罪行为时主观上有无特定的侵犯对象或者目标，只要其行为造成或者可能造成难以预料和难以控制的严重后果，已经或者足以对不特定多数人的生命、健康、重大公共财产以及其他公共利益造成危害，就属于危害公共安全的犯罪行为。但是如果行为人所侵害的是特定对象，并且有意识地把损害结果控制在特定对象的范围内，没有并且实际上也不可能造成不特定多数人的伤亡、公共财产或其他公共安全利益的重大损失的，即使行为人采取了通常属于危害公共安全的方法，如放火、投毒等，也不应当认定为本章所规定的危害公共安全犯罪。

（二）本类犯罪在客观方面表现为实施了危害公共安全的行为

此类行为可以是作为，也可以是不作为。例如放火罪，既可以用直接点燃的作为方式实施；也可以是在有发生火灾危险时，有责任并有能力防止而不防止，故意使火灾发生的不作为方式构成。总的来说，本章所规定的犯罪在司法实践中大多数是以作为的方式所实施的。危害公共安全罪除了过失犯罪必须要求有危害结果发生外，对于故意危害公共安全的犯罪行为，一般不要求造成实际的危害结果，而只要是“足以”危害公共安全的，即可构成犯罪既遂。例如投毒罪，即使此类行为尚未造成实际损害结果，也构成犯罪，因为该种行为足以威胁到多数人的生命、健康和公私财产的安全。

（三）本类犯罪的主体多数是一般主体

本类犯罪的主体也有少数是特殊主体，这里的特殊主体，包括国家工作人员以及其他业务上、职务上的特定人员。例如重大飞行事故罪，其主体只能是航空人员；而铁路运营安全事故罪的主体只能是铁路职工等。本章所规定的某些犯罪的主体可以是已满十四岁不满十六岁的未成年人，如放火罪、爆炸罪、投放危险物质罪等。这是由于此类行为的犯罪具有严重的社会危害性，年龄较低的人也应当能意识到此类犯罪的社会危害性，并进而控制自己的行为。

（四）本类犯罪在主观方面可能是故意，也可能是过失

具体而言，本章罪的主观方面也即具体罪过形式有以下两种表现形式：其一，只能由故意构成，例如劫持航空器罪，非法制造、买卖、运输、邮寄、储存枪支、弹药、爆炸物罪等；其二，只能由过失构成，例如重大飞行事故罪、消防责任事故罪、交通肇事罪等。

三、危害公共安全罪的种类

危害公共安全罪的犯罪具体可以划归五类。

(一) 以危险方法危害公共安全的犯罪

包括放火罪、决水罪、爆炸罪、投放危险物质罪、以危险方法危害公共安全罪、失火罪、过失决水罪、过失爆炸罪、过失投放危险物质罪、过失以危险方法危害公共安全罪。

(二) 破坏特定设施、设备的犯罪

包括破坏交通工具罪，破坏交通设施罪，破坏电力设备罪，破坏易燃易爆设备罪，破坏广播电视设施、公用电信设施罪，过失损坏交通工具罪，过失损坏交通设施罪，过失损坏电力设备罪，过失损坏易燃易爆设备罪，过失损坏广播电视设施、公用电信设施罪。

(三) 实施暴力、恐怖活动的犯罪

包括组织、领导、参加恐怖活动组织罪，资助恐怖活动罪，劫持航空器罪，劫持船只、汽车罪，暴力危及飞行安全罪。

(四) 以枪支、弹药、爆炸物、危险物质为对象的犯罪

包括非法制造、买卖、运输、邮寄、储存枪支、弹药、爆炸物罪，非法制造、买卖、运输、储存危险物质罪，违规制造、销售枪支罪，盗窃、抢夺枪支、弹药、爆炸物、危险物质罪，抢劫枪支、弹药、爆炸物、危险物质罪，非法持有、私藏枪支、弹药罪，非法出租、出借枪支罪，丢失枪支不报罪，非法携带枪支、弹药、管制刀具、危险物品危及公共安全罪。

(五) 过失造成重大责任事故的犯罪

包括重大飞行事故罪，铁路运营安全事故罪，交通肇事罪，重大责任事故罪，强令违章冒险作业罪，重大劳动安全事故罪，大型群众

性活动重大安全事故罪，危险物品肇事罪，工程重大安全事故罪，教育设施重大安全事故罪，消防责任事故罪，不报、谎报安全事故罪。

☆“重大责任事故罪”解读

一、立法背景

重大责任事故罪是我国刑法中比较常见的危害公共安全的罪名，1979 年刑法就对其有规定，1997 年修订刑法时基本延续了原来的规定。2006 年刑法修正案（六）将犯罪主体从原来的企业、事业单位扩大到从事生产、作业的所有人员。

二、条文解读

（一）概念

重大责任事故罪是指在生产、作业中违反有关安全管理的规定，因而发生重大伤亡事故或者造成其他严重后果的行为。

（二）构成

1．主体要件

本罪的主体是在各类生产经营活动中从事生产、作业及指挥管理的人员。

2．客观要件

本罪在客观方面表现为在生产、作业中违反有关安全管理的规定，因而发生重大伤亡事故或者造成严重后果。

3．主观要件

行为人主观上表现为过失，即对造成的重大人身伤亡或者其他严重后果由于疏忽大意而没有预见或者虽然预见但轻信可以避免而没有采取相应的措施。

4．客体要件

本罪侵犯的客体是生产、作业单位的生产安全。

（三）处罚

在生产、作业中违反有关安全管理的规定，因而发生重大伤亡事故或者造成其他严重后果的，处三年以下有期徒刑或者拘役；情节特别恶劣的，处三年以上七年以下有期徒刑。

三、典型案例

2004 年 10 月 20 日，河南郑煤集团公司大平煤矿井下掘进工作面放炮，引发延期性特大型煤与瓦斯突出，进而引起瓦斯爆炸事故，造成 148 名矿工死亡，35 名矿工受伤，直接经济损失 3935.7 万元。被告人贾某身为煤矿通风科调度员，事故当日在接到井下瓦斯超限的报警后，没有及时向矿领导和有关部门报告，也未采取停电撤人措施，延误了救助时间，事后，还撕毁并伪造事故当日值班记录；被告人景某身为煤矿调度员，事故当日对安全监控系统长时间报警却不按规定及时采取停电撤人措施；被告人彭某身为煤矿通风科科长，作为事故当日通风科值班领导，不坚守岗位，擅自离岗，使安全监控系统长时间报警得不到及时有效处理；被告人付某身为煤矿矿长助理，作为事故当日矿值班领导，在值班期间玩牌娱乐，没有及时掌握生产动态和发现问题，接到安全监控系统长时间报警的报告后，不能及时指挥值班调度员组织有关部门派人迅速处理，也未按规定采取停电撤人措施。以上4人对事故发生均负有直接责任，均已构成重大责任事故罪。

2005年9月18日，河南省某市法院一审以重大责任事故罪分别判处被告人贾某、景某、彭某、付某有期徒刑七年、六年、四年、三年。一审宣判后，四被告人均提出上诉。某市中级法院二审经审理，驳回上诉，维持原判。

【案件评析】

本案中，被告人贾某、景某对已经发生的事故安全隐患不及时进行处理，轻信可以避免；被告人彭某则擅离职守，导致安全监控系统长时间报警得不到及时有效处理；被告人付某在值班期间，玩牌娱乐，未能及时采取措施，导致瓦斯爆炸事故，四人的行为符合重大事故责任罪的构成要件，故均犯重大责任事故罪。

☆“强令违章冒险作业罪”解读

一、立法背景

实践中，一些生产、经营单位或者个人，为了追求经济利益，不顾法律的制约，采取各种手段强令生产、作业人员违章冒险作业，因而导致发生重大责任事故。为了惩治此类犯罪行为，2006年刑法修正案（六）增加了强令违章冒险作业罪。

二、条文解读

（一）概念

强令违章冒险作业罪是指强令他人违章冒险作业，因而发生重大伤亡事故或者造成其他严重后果的行为。

（二）构成

1．主体要件

本罪的主体是负有生产、作业指挥和管理职责的人员。

2．客观要件

本罪的客观方面表现为行为人为了获取高额利润，明知存在安全生产隐患，采取违反安全管理规定的行为，在生产、作业人员拒绝的情况下，利用职权或者其他强制手段强令工人违章冒险作业，因而发生重大伤亡事故或者造成其他严重后果的行为。

3．主观要件

本罪的主观要件是过失。过失是指行为人对所发生的后果而言。

4．客体要件

本罪的客体是公共安全。

（三）处罚

强令他人违章冒险作业，因而发生重大伤亡事故或者造成其他严重后果的，处五年以下有期徒刑或者拘役；情节特别恶劣的，处五年以上有期徒刑。

三、典型案例

2010 年年初，某船舶运输公司所属的起重浮吊船在江阴一码头进行吊装作业时，浮吊船操作人员何某发现需吊装的钢结构回旋筒体超重，于是立即向该运输公司经理孙某汇报，孙某在明知浮吊船的额定负载为350吨，而需吊装的钢结构回旋筒体重380吨，勉强起吊会有危险的情况下，仍命令何某对该筒体进行吊装作业，且在作业过程中没有严格清场。因超限额起吊，导致浮吊船吊臂倒塌砸中正在修船作业的某船厂工人周某，致周某抢救无效死亡。浮吊船操作人员何某也从浮吊船驾驶室坠落至地面受伤，经法医鉴定，其伤势构成轻伤。事故发生后，孙某主动投案自首，其所在的运输公司赔偿了死者周某家属经济损失45万元。法院审理后认为，被告人孙某违反安全管理规定，强令他人违章冒险作业，致1人死亡、1人轻伤，其行为确已构成强令违章冒险作业罪，鉴于被告人孙某系自首，被害人经济损失已赔偿，予以酌情从轻处罚，判处有期徒刑一年九个月，缓刑一年九个月。

【案件评析】

“安全第一”是生产劳动过程中必须遵循的基本原则，是生产劳动过程中最重要的。本案中被告人孙某缺乏安全意识，不但害死了人，还害了自己受到刑罚处罚。另外，有些职工不顾安危，冒险作业，这也是错误的，本案中受伤的何某虽然发现并指出了超重的问题，但是迫于领导压力仍然作业，结果自己还受了伤，如果他能鼓起勇气坚持原则，可能就避免了事故的发生。

☆“重大劳动安全事故罪”解读

一、立法背景

1997年刑法第一百三十五条规定了本罪。2006年6月29日刑法修正案(六)对此进行了修改：一是扩大了犯罪主体的范围；二是将“不符合国家规定”规定的对象范围从“安全生产设施”扩大到“安全生产条件”；三是删去了经有关部门或者单位职工提出后，对事故隐患仍拒不采取措施的规定；四是将责任主体修改为“直接负责的主管人员和其他直接责任人员”。

二、条文解读

（一）概念

重大劳动安全事故罪是指安全生产设施或者安全生产条件不符合国家规定，因而发生重大伤亡事故或者造成其他严重后果的行为。

（二）构成

1．主体要件

本罪的主体是所有从事生产、经营的自然人、法人及非法人实体。

2．客观要件

本罪的客观要件为犯罪主体使用的安全生产设施或者安全生产条件不符合国家规定，导致重大伤亡事故或者造成其他严重后果。

3．主观要件

行为人实施本罪，主观上出于过失。

4．客体要件

本罪侵犯的客体是公共安全。

（三）处罚

安全生产设施或者安全生产条件不符合国家规定，因而发生重大伤亡事故或者造成其他严重后果的，对直接负责的主管人员和其他直接责任人员，处三年以下有期徒刑或者拘役；情节特别恶劣的，处三年以上七年以下有期徒刑。

三、典型案例

被告人吴甲、吴乙未按规定办理有关合法手续的情况下，合伙开办了一个采石场。2008 年 12 月初，某建设有限公司靖西项目部的管理人员王某（另案处理）与吴乙口头订下协议，以每方碎石 45 元的价格购买吴甲、吴乙的碎石，作新公路建设用。被告人吴甲、吴乙便找民工吴某等六人来打碎石，按每方 16 元支付报酬。2008 年 12 月 19 日，吴甲、吴乙发现该采石场塘口处上方存在裂痕和石块松动存在安全隐患，便用空压机钻六个爆破孔，每个爆破孔深达 2 米，欲炸掉，但吴甲、吴乙找王某要炸药、雷管时，王未给。之后，吴甲、吴乙忽视安全生产措施和管理，未采取任何措施，未让民工撤离安全地带，仍在此下方作业。2008 年 12 月 23 日中午，该石场塘口处上方发生崩塌，正在该场地打碎石的民工吴某等六人被崩塌的石头压埋，1 人被抢救送往医院途中死亡，其余 5 人当场死亡。事故发生后，被告人吴乙、吴甲当天到公安机关投案自首。法院认定被告人吴乙、吴甲犯重大劳动安全事故罪，分别判处两被告人有期徒刑五年。

【案件评析】

被告人吴乙、吴甲无证开办石场，安全生产条件不符合国家规定，明知劳动安全设施、安全生产条件存在严重事故隐患，仍然放任而不采取预防性措施，因而发生伞檐体岩石崩塌，造成六个民工死亡的事故，其行为已构成重大劳动安全事故罪，公诉机关指控的罪名成立。在共同犯罪过程中，被告人吴乙、吴甲作用相当，不宜区分主从犯，均为主犯，应当按照其所参与的全部犯罪处罚。被告人吴乙、吴甲发现该石场塘口处上方岩石存在不安全隐患，忽视生产安全，未叫民工立即撤离安全地带，伞檐体岩石崩塌造成压死六个民工，情节特别恶劣，依法应当判处三年以上七年以下有期徒刑。鉴于被告人吴乙、吴甲案发后自首，依法可以从轻或者减轻处罚；被告人当庭自愿认罪，同时被告人家属代被告人赔偿被害人家属部分经济损失，可酌情从轻处罚。

☆“大型群众性活动重大安全事故罪”解读

一、立法背景

近年来，随着国民经济的快速发展，人民生活水平亦逐步提高，各类群众性文化娱乐活动、体育活动越来越多，规模和人数也不断扩大。有些大型文艺演出、春节庙会，少则几百人，多则数万人，安全保障是必须做好的工作。但是，有的大型群众性活动的组织者，把广大群众的生命安全置之脑后而不顾。有的未经依法批准擅自举行，有的根本没有安全保卫应急预案，最后致使在大型群众性活动中现场秩序严重混乱、失控，酿成挤压、踩踏等死伤多人的恶性伤亡事故。基于大型群众性活动重大安全事故往往伤亡人数众多，危害性极大，刑法修正案（六）新增加了大型群众性活动重大安全事故罪。

二、条文解读

（一）概念

大型群众性活动重大安全事故罪是指举办大型群众性活动违反安全管理规定，因而发生重大伤亡事故或者造成其他严重后果的行为。

（二）构成

1．主体要件

本罪的犯罪主体是对发生大型群众性活动重大安全事故“直接负责的主管人员和其他直接责任人员”。“直接负责的主管人员”是指大型群众活动策划者、组织者、举办者；“其他直接责任人员”是指对大型活动的安全举行、紧急预案负有具体落实、执行职责的人员。

2．客观要件

行为人客观上实施了违反安全管理规定举办大型群众性活动的行为，导致发生了重大伤亡事故或者造成其他严重后果。

3．主观要件

行为人主观上是过失。即行为人应该预见到自己在大型群众性活动中的违反安全管理规定的行为，可能会造成重大伤亡事故或者其他严重后果，因疏忽大意而没有预见，或虽然已经预见，但轻信能够避免，从而造成重大伤亡事故或其他严重后果。

4. 客体要件

本罪侵犯的客体是公众活动场所的公共安全。

（三）处罚

举办大型群众性活动违反安全管理规定，因而发生重大伤亡事故或者造成其他严重后果的，对直接负责的主管人员和其他直接责任人员，处三年以下有期徒刑或者拘役；情节特别恶劣的，处三年以上七年以下有期徒刑。

三、典型案例

正月十五是传统的闹花灯的时间，某县文化局为了活跃群众文化活动，在公园举办了大型迎春灯展活动。大型迎春灯展活动人山人海，游人如织。在正月十五夜九时灯展达到高潮时，因观灯游人在公园桥上跌倒，导致身后游人不明真相引起骚动发生拥挤，游人争相四散，由于无人疏导，找不到安全通道，造成踩死三十六人、挤伤十四人的特大恶性事故。事后，文化局大型迎春灯展的主管副局长周某、安全管理员王某及其他相关直接责任人员，被法院以大型群众性活动重大安全事故罪定罪处罚。

【案件评析】

大型迎春灯展活动属于大型群众性活动，本案中，由于主办方文化局疏于对大型群众性活动的安全管理，以致酿成特大群众性活动安全事故，法院对其直接负责的主管人员和其他直接责任人员以重大群众性活动安全事故罪定罪量刑是正确的。由于该事故不是发生在生产作业的领域，故不构成重大责任事故罪。由于发生特大伤亡事故不是源于外在的不可抗力，而是源于举办方疏于对大型群众性活动的安全管理，没有尽职尽责，所以不是意外事故。

☆“危险物品肇事罪”解读

一、立法背景

爆炸性、易燃性、放射性、毒害性、腐蚀性物品具有很大的危险性，在一定条件下会给人身造成巨大伤亡和财产损失。因此，刑法规定了危险物品肇事罪。

二、条文解读

（一）概念

危险物品肇事罪是指违反爆炸性、易燃性、放射性、毒害性、腐蚀性物品的管理规定，在生产、储存、运输、使用中发生重大事故，造成严重后果的行为。

（二）构成

1．主体要件

本罪的主体为从事生产、储存、运输、使用危险物品的工作人员。

2．客观要件

本罪在客观上必须具有违反危险物品管理规定的行为。“爆炸性”物品是指多种具有爆炸性能的物品，如各种炸药、雷管、非电导爆系统、起爆药和爆破剂以及黑火药、烟火剂、信号弹和烟花爆竹等；“易燃性”物品是指汽油、煤油、酒精、丙酮、橡胶水以及各种很容易燃烧的化学物品和液剂；“放射性”物品是指铀、镭以及其他各种具有放射性能，并对人体或牲畜能够造成严重损害的物品；“毒害性”物品是指如氰化钾等其他各种对人体或牲畜能够造成严重毒害的物品；“腐蚀性”物品是指硫酸、盐酸等能够严重毁坏其他物品以及人身的物品。

行为人违反危险物品管理规定的行为必须引发重大事故，造成严重后果，才构成本罪。

3. 主观要件

行为人主观上出于过失，如果行为人是故意制造爆炸等事故的，则不适用本罪处罚，而应当适用其他有关规定处罚，如爆炸罪等。

4. 客体要件

本罪侵犯的客体是公共安全。

（三）处罚

违反爆炸性、易燃性、放射性、毒害性、腐蚀性物品的管理规定，在生产、储存、运输、使用中发生重大事故，造成严重后果的，处三年以下有期徒刑或者拘役；后果特别严重的，处三年以上七年以下有期徒刑。

三、典型案例

徐威在任央视新址办主任兼央视国金公司董事长、总经理期间，擅自决定于 2009 年 2 月 9 日晚在北京市朝阳区中央电视台新址园区施工区内燃放烟花，并指派央视新址办综合业务处副处长兼央视国金公司行政管理部副经理邓炯慧等人负责当晚相关活动的筹办工作。

2008年12月至2009年2月间，北京大新恒太传媒科技发展有限公司总经理沙鹏在徐威授意下，与湖南省浏阳市三湘烟花制造有限公司股东刘发国、清华同方股份有限公司政务系统科技公司副总经理李小华、河北农民宋哲元共同商定由三湘烟花制造有限公司负责设计提供包括A级烟花在内的超标燃放方案。其间，央视新址办技术处副处长兼央视国金公司工艺技术部副经理耿晓卫带领4人进入央视新址工地，经徐威同意后，确定了燃放地点。后耿晓卫将燃放所需材料告知央视新址办工程处副处长兼央视国金公司工程部经理胡德斌。胡德斌按照徐威的指示通知了中国建筑股份有限公司中央电视台新台址建设工程总承包项目部（下称"中建央视新址项目部"）副经理田可耕、装饰部副经理陈代义协助办理燃放前的相关工作。

刘发国于2009年2月间委托湖南省浏阳市三和物流有限公司，使用汽车将用于央视新址燃放的A级烟花及燃放设备从湖南省浏阳市运至河北省永清县，将上述烟花及燃放设备存放于由刘桂兰担任法定代表人只具备C级仓储资质的河北省永清县供销社鞭炮日杂经营处仓库内，刘桂兰发现该违规情况后，仍默许上述烟花及燃放设备在其仓库内存放。当月6日，刘发国及公司礼花线技术员曾旭等人在沙鹏的带领下再次进入工地查看燃放地点，并向陈代义提出解决燃放烟花相关问题。陈代义即联系中建央视新址项目部安保部副经理李俊义。经李俊义同意后，刘发国伙同宋哲元、河北农民薛继伟、无业人员张炳建，使用张炳建没有烟花爆竹运输资质的货车将烟花及燃放设备于2月7日凌晨运至央视新址燃放地点。当日，在刘发国的指挥下，曾旭等7人在燃放地点进行烟花摆放、填药、连线、测试等工作。

2009年2月9日，胡德斌按照徐威的指示通知田可耕及城建央视新址承包部副经理高耀寿做好燃放烟花的安全工作。田可耕、高耀寿即分别通知李俊义及城建央视新址承包部安保部干部陈子俊安排当晚燃放活动的消防、保安工作。陈子俊向城建央视新址承包部安保部负责人刘军汇报该事后，刘军明知施工工地不能燃放烟花，仍未对燃放一事予以阻止。当日，央视国金公司安保主管戴剑霄按照邓炯慧指示，为燃放布置相关的防火工作。央视新址办下设安全生产监督组组长高宏得知要在央视新址工地内燃放烟花后亦未加制止。央视新址办常务副主任兼央视国金公司常务副总经理王世荣在明知央视新址办工地禁止燃放烟花的情况下，在徐威的指示下，点火启动了烟花燃放活动。

2009 年 2 月 9 日 20 时许，在烟花燃放过程中，礼花弹爆炸后的高温星体落入央视新址文化中心主体建筑顶部擦窗机检修孔内，引燃检修通道内壁裸露的易燃材料引发火灾。火灾造成 1 名消防队员死亡、8 人受伤，建筑物过火过烟面积 2 万余平方米，直接经济损失达人民币 1.6 亿余元。

法院审理后认为，被告人徐威等 21 人目无国法，违反爆炸性物品管理规定，未经相关部门批准，擅自燃放烟花致使发生重大事故，给人民群众的生命、身体健康和国家财产造成严重危害，后果特别严重。上述 21 人的行为已构成危险物品肇事罪，应予依法惩处。鉴于沙鹏、张炳建有立功表现，可对二人从轻处罚。被告人陈子俊犯罪情节轻微，可对其免予刑事处罚。据此，以危险物品肇事罪，判处徐威有期徒刑七年；判处刘发国有期徒刑六年零六个月；分别判处王世荣、高宏有期徒刑四年零六个月；分别判处李小华等 13 名被告人三年至六年不等的有期徒刑；判处陈代义有期徒刑三年，缓刑五年；分别判处刘桂兰、戴剑霄有期徒刑三年，缓刑三年；对陈子俊免予刑事处罚。

☆"工程重大安全事故罪"解读

一、立法背景

随着我国经济建设的迅速发展，工程建设项目越来越多。与此同时，一些不法分子趁机牟取暴利，置人民生命、财产安全于不顾，在建设过程中，偷工减料，降低工程质量标准或者使用不合格的建筑材料，导致楼房倒塌、桥梁断裂、铁路塌陷等重大安全事故屡屡发生，使人民群众的生命和财产安全遭受重大损失，严重地危害了公共安全。因此，刑法规定了工程重大安全事故罪。

二、条文解读

（一）概念

工程重大安全事故罪是指建设单位、设计单位、施工单位、工程监理单位违反国家规定，降低工程质量标准，造成重大安全事故的行为。

（二）构成

1．主体要件

本罪的主体是单位，即建设单位、设计单位、施工单位及工程监理单位。

2．客观要件

本罪在客观方面表现为建设单位、设计单位、施工单位、工程监理单位违反国家规定，降低工程质量标准，造成重大安全事故的行为。

建设单位的违规行为主要有两种情况：一是要求建筑设计单位或者施工企业压缩工程造价或增加建房的层数，从而降低工程质量；二是提供不合格的建筑材料、构配件和设备，强迫施工单位使用，从而造成工程质量下降。建筑设计单位的违规行为主要是不按质量标准进行设计。建筑施工单位的违规行为主要有三种情况：一是在施工中偷工减料，故意使用不合格的建筑材料、构配件和设备；二是不按设计图纸施工；三是不按施工技术标准施工。上述违规行为，是造成建筑工程重大安全事故的根本原因。

3．主观要件

本罪的主观要件是过失。行为人虽然并不希望重大安全事故的发生，但为了投机取巧，从中牟利，降低工程质量标准的行为是故意的。

4．客体要件

本罪侵犯的客体是人民群众的生命和财产安全以及国家的建筑管理制度。

（三）处罚

建设单位、设计单位、施工单位、工程监理单位违反国家规定，降低工程质量标准，造成重大安全事故的，对直接责任人员，处五年以下有期徒刑或者拘役，并处罚金；后果特别严重的，处五年以上十年以下有期徒刑，并处罚金。

三、典型案例

2008年5月份，南昌第一建筑工程公司承建合肥市庐阳工业区“三一机械公司”研发综合楼工程，工程现场由被告人彭某代表安徽建科监理公司负责现场监理，由黄某实际负责，由许某负责部分技术及施工组织工作，由宋某带工人搭设模板，由孔某负责带工人浇筑混凝土。

2009年9月20日左右，在黄某同意下，许某仅提供研发楼草图给宋某，安排其带工人搭设模板。宋某在仅了解大概尺寸的情况下，凭经验带人施工，其间也未对工人进行书面安全技术“交底”。事后许某虽发现支模存在安全隐患但未坚决要求整改。

2009年10月4日，许某安排孔某带工人浇筑研发楼东面的混凝土，孔某也未作书面安全技术“交底”，且浇筑程序违反操作规范。彭某身为现场监理，对工程的技术安全没有按规定监理，并未及时制止施工，也未及时向上级汇报施工中存在的问题。

当日17时30分许，该楼浇筑混凝土部位发生坍塌，致4名工人死亡，1名工人受伤。

检察机关认为，彭某作为监理单位的现场监理人员，是直接责任人员，其行为构成工程重大安全事故罪。案件审理后法院当庭作出判决，彭某犯工程重大安全事故罪，判处有期徒刑三年缓刑三年，并处罚金一万元。

【案件评析】

工程重大安全事故罪是单位犯罪。本案中，彭某代表安徽建科监理公司负责现场监理。在监理过程中，彭某严重不负责任，对工程的技术安全没有按规定监理，并未及时制止施工，也未及时向上级汇报施工中存在的问题，结果导致重大安全事故的发生。因此，彭某的行为构成工程重大安全事故罪。

☆“教育设施重大安全事故罪”解读

一、立法背景

校舍和教育教学设施的安全直接关系到广大师生的生命、健康安全，关系到社会的稳定。为此，1997年刑法修订时规定了本罪，以保障师生的生命安全，防止重大伤亡事故的发生。

二、条文解读

（一）概念

教育设施重大安全事故罪是指行为人明知校舍或者教育教学设施有危险，而不采取措施或者不及时报告，致使发生重大伤亡事故的行为。

（二）构成

1．主体要件

本罪的主体主要是对学校宿舍以及其他教育教学设施的安全负有责任的党校领导和学校上级机关、有关房管部门的主管人员。

2．客观要件

本罪在客观方面表现为行为人明知校舍或其他教育设施有不安全因素，随时有可能发生危险，而不采取积极的预防措施消除隐患，以致造成人员伤亡和财产损失。

3．主观要件

行为人对发生重大安全事故主观上是过失。

4．客体要件

本罪侵犯的客体是从事教育教学、学习活动的广大师生的人身安全和学校及其他教育机构正常的教育教学秩序。

（三）处罚

明知校舍或者教育教学设施有危险，而不采取措施或者不及时报告，致使发生重大伤亡事故的，对直接责任人员，处三年以下有期徒刑或者拘役；后果特别严重的，处三年以上七年以下有期徒刑。

三、典型案例

2009 年 4 月，只有中专文化程度的李某，租用他人的社会力量办学许可证，开办了立华培训学校。7 月，为解决学生住宿问题，李某与北京一家建材城签订了租房协议，租用学生公寓 11 排 12 号、13 号，12 排 6 号、7 号四个房间为学生宿舍。后为宿舍冬季取暖，李某为四间宿舍安装了蜂窝煤炉，但未安装风斗。虽然学生公寓管理员及建材城保安人员提醒李某应安装风斗以防室内煤气中毒，但李为节省费用，均以租房即将到期为由拒绝安装。

2010 年 1 月 5 日凌晨，12 排 6 号房间发生了煤气中毒事件，致使房间内的女学生贾某等四人煤气中毒，其中贾某经医院抢救无效死亡。当日，李某被公安机关抓获。

海淀法院经审理后认为，李某作为学校校长，明知学校宿舍存在安全隐患而不采取措施，发生重大伤亡事故，致一人死亡，其行为已构成教育设施重大安全事故罪。但鉴于李某案发后认罪态度较好，且积极赔偿被害人的全部经济损失，故对其酌情予以从轻处罚。

【案件评析】

本案中，李某身为学校负责人，明知学生宿舍不安装风斗可能发生煤气中毒事故，而依然放任不管，轻信可以可以避免，最后导致学生中毒，其中一人死亡的严重后果。李某的行为构成教育设施重大安全事故罪。

当前，社会力量办学日益兴起，所办学校的教学设施、教育质量参差不齐。各学校在注重教学质量的同时，应当进一步加强对学校教学设施安全性的检查，以避免此类案件的再次发生。

☆“消防责任事故罪”解读

一、立法背景

随着我国城市建设的迅猛发展，阻止重大火灾的发生，保护人民群众的生命和公私财产安全的问题日益突出和重要。对于违反消防管理法律法规，造成重大火灾，使得公民生命和财产遭受严重损失的行为，刑法将其规定为犯罪。

二、条文解读

（一）概念

消防责任事故罪是指违反消防管理法规，经消防监督机构通知采取改正措施而拒绝执行，造成严重后果的行为。

（二）构成

1．主体要件

本罪的主体是一般主体，但主要是负有防火安全职责的单位负责人员。

2．客观要件

本罪在客观方面表现为违反消防管理法规且经消防监督机构通知采取改正措施而拒绝执行的行为。违反消防管理法规而造成严重后果，是这种犯罪行为的本质特征。

3．主观要件

本罪在主观方面表现为过失，可以是疏忽大意的过失，也可以是过于自信的过失。这里所说的过失，是指行为人对其所造成的危害结果所持的心理状态而言。行为人主观上并不希望火灾事故发生，但就其违反消防管理法规，经消防机构通知采取改正措施而拒绝执行而言，则却是明知故犯的。

4．客体要件

本罪侵犯的客体是国家的消防监督制度和公共安全。

（三）处罚

违反消防管理法规，经消防监督机构通知采取改正措施而拒绝执行，造成严重后果的，对直接责任人员，处三年以下有期徒刑或者拘役；后果特别严重的，处三年以上七年以下有期徒刑。

三、典型案例

2009年，杨某与陈某以杨某的名义申办了临时用房建筑手续，并共同出资建成永久性房屋，后装修成娱乐场所。当年10月9日，消防监督人员对该娱乐场所进行勘察，发现装潢不符合消防安全要求，当即督促杨、陈二人进行整改。此后，消防人员又进行过多次督促，但杨、陈二人不仅拒不整改，还擅自对外营业。2010 年 1 月 7 日凌晨，由于遗留火种引发火灾，致陈某等七人死亡、二人受伤。检察机关对杨某与陈某二人提起公诉。县法院审理后认为，被告人杨某作为业主，未按规定采取安全消防措施，造成特别严重的后果，其行为构成消防责任事故罪，以消防责任事故罪一审判处杨某有期徒刑五年。

【案件评析】

本案中，杨某违反消防管理法规，经消防监督管理机构通知采取改正措施而拒绝执行，导致发生火灾，造成多人伤亡的严重后果。杨某违反消防管理法规的行为与该严重后果之间存在因果关系，因此杨某的行为构成消防责任事故罪。

☆“不报、谎报安全事故罪”解读

一、立法背景

近年来，安全生产事故频频发生，一些生产经营单位无视国家法律，无视政府监管，无视劳动者的生命安全，违反有关安全管理的规定进行生产、作业，导致安全事故屡屡发生。一些事故单位的负责人和对安全事故负有监督管理职责的人员，在事故发生后，出于个人私利，弄虚作假、隐瞒不报或者谎报事故情况，延误了抢险救援的时机，使得本来可以避免的人员伤亡、财产损失未能幸免，造成损失进一步扩大。为了严惩此类犯罪行为，刑法修正案（六）将其规定为犯罪。

二、条文解读

（一）概念

不报、谎报安全事故罪是指在安全事故发生后，负有报告职责的人员不报或者谎报事故情况，贻误事故抢救，情节严重的行为。

（二）构成

1．主体要件

本罪主体是特殊主体，即对安全事故的发生负有报告职责的人员。此处的安全事故是指环境污染、矿难、大型群众性活动等发生的重大伤亡事故等各种安全事故。

2．客观要件

本罪在客观方面表现为在安全事故发生后，负有报告职责的人员不报或者谎报事故情况，贻误事故抢救，情节严重的行为。“不报”是指行为人不按照规定及时报告。“谎报”是指行为人虽然将发生的安全事故按照规定向有关部门作了报告，但对事故的真实情况如人员伤亡、财产损失、事故原因等作了虚假的描述，以避重就轻。

3．主观要件

本罪的主观方面为故意。

4．客体要件

本罪侵犯的客体是安全事故监管制度。

（三）处罚

在安全事故发生后，负有报告职责的人员不报或者谎报事故情况，贻误事故抢救，情节严重的，处三年以下有期徒刑或者拘役；情节特别严重的，处三年以上七年以下有期徒刑。

三、典型案例

何甲、何乙是某矿井的主要投资人，何甲负责全面工作，何乙负责地面工作。2009年9月，某市政府下发文件，辖区内所有煤矿、石墨矿全部停产整顿，非经验收合格，不得擅自复工。

2010年3月，某矿井仍处于整顿整合兼并重组协商阶段，未取得采矿许可证、安全生产许可证和工商营业执照。在这种情况下，何甲、何乙却盲目追求经济效益，擅自组织矿工到井下生产作业。3月7日晚8时许，在井下存放的私制炸药发生自燃，燃烧产生的有毒气体致七名矿工窒息，其中一人当场中毒死亡。

事故发生后，何甲、何乙未按规定及时向相关部门报告矿难实情。因措施不力，致矿工死亡人数由一人增至六人。

为了逃避责任，3月8日上午，何甲、何乙召集矿井股东开会，密谋并决定瞒报3·7矿难事故，并迅速将尸体火化，致使3·7矿难事故的现场勘查、尸体检验等事故调查工作无法进行。

经某市检察院提起公诉，该市法院一审以重大责任事故罪和不报、谎报安全事故罪，分别判处何甲、何乙有期徒刑二年和一年六个月，缓刑二年。

【案件评析】

本案中，何甲、何乙是某矿井的主要负责人，在政府要求停产整顿、非经验收合格不得擅自复工的情况下，二人为了追求经济利益，未取得采矿许可证、安全生产许可证和工商营业执照的情况下，擅自组织复工，导致安全事故发生。二人的行为构成重大责任事故罪。

事故发生后，二人又决定隐瞒不报，导致事故后果进一步扩大，导致矿难事故的现场勘查、尸体检验等事故调查工作无法进行，因此，二人犯不报、谎报安全事故罪，法院的判决是正确的。

第四节　破坏社会主义市场经济秩序罪概述

一、破坏社会主义市场经济秩序罪的概念

破坏社会主义市场经济秩序罪是指违反国家经济管理法规，在市场经济运行或者经济管理活动中进行非法经济活动，严重破坏社会主义市场经济秩序的行为。

二、破坏社会主义市场经济秩序罪的特征

（一）本罪侵犯的客体，是我国的社会主义市场经济秩序；

（二）本罪在客观方面表现为违反国家经济管理法规，在市场经济运行或者经济管理活动中进行非法经济活动，严重破坏社会主义市场经济秩序的行为；

（三）本罪的犯罪主体包括自然人和单位（其中大多数犯罪的主体既可以是自然人，也可以是单位）；

（四）本类犯罪在主观方面除了个别犯罪外，绝大多数犯罪是故意。

三、破坏社会主义市场经济秩序罪的种类

社会主义市场经济秩序罪主要包括八类：生产、销售伪劣商品罪，走私罪；妨害对公司、企业的管理秩序罪；破坏金融管理秩序罪；金融诈骗罪；危害税收征管罪；侵犯知识产权罪；扰乱市场秩序罪。

☆“隐匿、故意销毁会计凭证、会计账簿、财务会计报告罪”解读

一、立法背景

随着社会主义市场经济的发展和改革的不断深化，会计工作在加强经济管理、提高经济效益、维持社会主义市场经济秩序、实现国家宏观调控等方面的特殊重要作用越来越显现出来。实践中，有些单位为小团体利益弄虚作假，有的甚至从事某些经济犯罪活动，在有关部门监督检查时，将有关的会计资料转移、藏匿起来，拒不交出以接受检查，有的甚至将其销毁，给行政机关、司法机关查处经济违法犯罪活动设置障碍，严重影响了司法机关对经济犯罪的追究。为维护国家利益、公众利益和社会经济秩序，刑法修正案将隐匿、故意销毁会计凭证、会计账簿、财务会计报告的行为增加规定为犯罪。

二、条文解读

（一）概念

隐匿、故意销毁会计凭证、会计账簿、财务会计报告罪是指隐匿或者故意销毁依法应当保存的会计凭证、会计账簿、财务会计报告，情节严重的行为。

（二）构成

1．主体要件

本罪的主体为一般主体，单位亦可构成本罪。单位犯本罪的，实

行两罚制，即对单位判处罚金，对其直接负责的主管人员和其他直接责任人员追究刑事责任。

2．客观要件

本罪在客观上表现为隐匿或者故意销毁依法应当保存的会计凭证、会计账簿、财务会计报告，情节严重的行为。隐匿，是指故意隐藏的行为。故意销毁，是指将明知按照会计档案管理的有关规定或者国家统一会计制度的规定应当存档或者保存的会计凭证、会计账簿、会计财务报告予以销毁的行为。

3．主观要件

本罪在主观方面表现为故意，过失不构成本罪。

4．客体要件

本罪侵犯的客体是会计档案管理制度。

（三）处罚

隐匿或者故意销毁依法应当保存的会计凭证、会计账簿、财务会计报告，情节严重的，处五年以下有期徒刑或者拘役，并处或者单处二万元以上二十万元以下罚金。

单位犯本罪的，对单位判处罚金，并对其直接负责的主管人员和其他直接责任人员，依照规定处罚。

三、典型案例

福建省尤泽县地税稽查局于2007年11月5日对尤溪县双峰林化有限公司进行2005—2006年度的地方纳税情况进行检查，遭到该单位有关人员阻挠，财务人员没有按规定向检查组提供与纳税有关的账簿、凭证及其他资料，致使税务机关检查工作无法正常进行。后该局多次与尤溪县双峰林化有限公司进行交涉，要求其提供与纳税有关的账簿、凭证及其他资料，但该公司以种种理由为借口拒不提供有关资料接受检查，并于2008年1月2日向该局城关分局提交了会计账册丢失报告。鉴于上述行为，尤溪县地税稽查局认为该公司有偷税行为，将该案移送县公安局，目前，尤溪经侦大队以“隐匿、故意销毁会计凭证、会计账簿、财务会计报告案”立案侦查。

【案件评析】

本案中，尤溪县双峰林化有限公司在税务机关要求其提供与纳税有关的账簿、凭证及其他资料时，该单位以种种借口予以拒绝，并谎称丢失，其行为构成隐匿、故意销毁会计凭证、会计账簿、财务会计报告罪。由于是单位犯罪，除对单位判处罚金外，对其直接负责的主管人员和其他直接责任人员也应进行处罚。

☆“对外国公职人员、国际公共组织官员行贿罪”解读

一、立法背景

随着我国改革开放的进行，国家经济交往日益增多，交往中如果出现贿赂外国公职人员或者国际公共组织官员以谋取不正当商业利益的情况，不仅违背公平竞争的市场规则，也影响到正常的商业秩序。为了维护我国正常的经济发展和国际交往，刑法修正案（八）规定了此罪。

二、条文解读

（一）概念

对外国公职人员、国际公共组织官员行贿罪是指为谋取不正当商业利益，给予外国公职人员或者国际公共组织官员以财物的行为。

（二）构成

1．主体要件

本罪的主体为一般主体，即年满十六周岁具有刑事责任能力的自然人，此外还包括单位。

2．客观要件

本罪的客观要件表现为行为人为谋取不正当商业利益，给予外国公职人员或者国际公共组织官员以财物。外国公职人员是指外国经任命或者选举担任立法、行政、行政管理或者司法职务的人员，以及为外国国家及公共机构或者公营企业行使公共职能的人员。国际公共组织官员是指国际公务员或者经国际组织授权代表该组织行事的人员。

3．主观要件

行为人主观上出于故意，必须具有谋取不正当商业利益的目的。

4．客体要件

本罪侵犯的客体是社会主义市场经济秩序。

（三）处罚

为谋取不正当利益，给予公司、企业或者其他单位的工作人员以财物，数额较大的，处三年以下有期徒刑或者拘役；数额巨大的，处三年以上十年以下有期徒刑，并处罚金。

为谋取不正当商业利益，给予外国公职人员或者国际公共组织官员以财物的，依照前款的规定处罚。

单位犯前两款罪的，对单位判处罚金，并对其直接负责的主管人员和其他直接责任人员，依照第一款的规定处罚。

行贿人在被追诉前主动交代行贿行为的，可以减轻处罚或者免除处罚。

☆“非法经营同类营业罪”解读

一、立法背景

国有公司、企业的董事、经理在负责经营本公司、企业的同时，又自己成立其他公司、企业，或者帮助他人经营与自己所任职公司、企业同类的营业，利用职务便利，将国有公司、企业的大量利益输送、转移到其个人或者亲友经营的其他同类营业公司，危害性很大。因此，刑法规定了非法经营同类营业罪。

二、条文解读

（一）概念

非法经营同类营业罪，是指国有公司、企业的董事、经理利用职务便利，自己经营或者为他人经营与其所任职公司、企业同类的营业，谋取非法利益、数额巨大的行为。

（二）构成

1．主体要件

本罪的主体是特殊主体，即国有公司、企业的董事、经理。

2．客观要件

本罪在客观方面表现为行为人利用职务便利，自己经营或者为他人经营与所任职公司、企业同类的营业，获取非法利益的行为。

3．主观要件

本罪在主观方面必须出于故意，并且具有获取非法利益的目的。即明知自己或为他人所经营的业务与自己所任职公司、企业经营的业务属于同类，出于非法谋取利益的目的，仍进行经营。过失不能构成本罪。

4．客体要件

本罪侵犯的客体为国有公司、企业的财产权益以及国家对公司的管理制度。

（三）处罚

国有公司、企业的董事、经理利用职务便利，自己经营或者为他人经营与其所任职公司、企业同类的营业，获取非法利益，数额巨大的，处三年以下有期徒刑或者拘役，并处或者单处罚金；数额特别巨大的，处三年以上七年以下有期徒刑，并处罚金。

三、典型案例

甘肃省临泽县种子公司系国有独资公司，与临泽奥瑞金公司经营的是同类业务，属同类营业。贺某在担任临泽县种子公司总经理时，兼任临泽奥瑞金公司经理、副董事长，以暗股的形式投入对方公司，在明知临泽奥瑞金公司没有豫玉 22 号玉米品种经营权的情况下，与其签订合同，让临泽县种子公司支付了本应由临泽奥瑞金公司提供的种子亲本；1998 年 10 月，被告人未经国有资产管理部门的审批核资，擅自将国有股转为个人股，其个人当年获取红利十四万元；1999 年 9 月，被告人任职期间擅自变更与制种村签订制种合同的主体，致使临泽县种子公司应得的收入因为没有约定而无法收回，被告人则从中获取非法利益二十八万余元。

临泽县人民检察院提起公诉的被告人贺某非法经营同类营业一案，临泽县人民法院于 2003 年 11 月 27 日作出一审判决，判处被告人贺某有期徒刑三年，缓刑四年，并处罚金人民币五十万元。宣判后被告人不服，提起上诉。经张掖市中级人民法院二审审理查明，驳回上诉，维持原判。

【案件评析】

本案中，被告人贺某违反公司法的规定，非法经营同类营业，且利用职务之便获取非法利益达四十二万余元，数额巨大，其行为已构成非法经营同类营业罪。原审临泽县法院认定事实清楚，证据确实充分，适用法律正确，审判程序合法，故二审驳回上诉，维持原判。

☆“为亲友非法牟利罪”解读

一、立法背景

实践中，一些国有单位、企业、事业单位的工作人员，利用企业管理制度的不完善和某些制度方面的缺陷，借自己管理或者经营业务的便利，实施损公肥私的行为。这些行为严重损害了国家的利益，给国家造成重大损失，必须予以严厉打击。因此，刑法规定了为亲友非法牟利罪。

二、条文解读

（一）概念

为亲友非法牟利罪，是指国有公司、企业、事业单位的工作人员，利用职务便利，将本单位的盈利业务交由自己的亲友进行经营，或者以明显高于市场的价格向自己的亲友经营管理的单位采购商品或者以明显低于市场的价格向自己的亲友经营管理的单位销售商品，或者向自己的亲友经营管理的单位采购不合格商品，使国家利益遭受重大损失的行为。

（二）构成

1．主体要件

本罪的主体为特殊主体，即国有公司、企业、事业单位的工作人员。

2．客观要件

本罪在客观方面表现为利用职务便利，为自己的亲友进行经营活动，非法提供便利，致使国家利益遭受重大损失的行为。具体有以下三种情况：

（1）将本单位的盈利业务交由自己的亲友进行经营。

（2）以明显高于市场的价格向自己的亲友经营管理的单位采购商品或者以明显低于市场的价格向自己的亲友经营管理的单位销售商品。

（3）向自己的亲友经营管理的单位采购不合格商品。

行为人有为亲友非法牟利的行为，使国家利益遭受重大损失的，才构成犯罪。

3．主观要件

本罪在主观上只能由故意构成，并具有非法牟利的目的。即行为人明知自己利用职务便利为亲友进行经营活动提供便利条件是一种背信经营的行为，但为获取非法利益仍故意实施这种行为，过失不构成犯罪。

4．客体要件

本罪侵犯的客体是国有公司、企业、事业单位的财产权益。

（三）处罚

国有公司、企业、事业单位的工作人员，利用职务便利，有下列情形之一，使国家利益遭受重大损失的，处三年以下有期徒刑或者拘役，并处或者单处罚金；致使国家利益遭受特别重大损失的，处三年以上七年以下有期徒刑，并处罚金：

1．将本单位的盈利业务交由自己的亲友进行经营的；

2．以明显高于市场的价格向自己的亲友经营管理的单位采购商品或者以明显低于市场的价格向自己的亲友经营管理的单位销售商品的；

3．向自己的亲友经营管理的单位采购不合格商品的。

三、典型案例

李某某就职的中科院研究生院是国家事业单位。2000 年 11 月 23 日，二十八岁的李某某被聘为科研开发处代理处长。同年 12 月，研究生院将“校园网络改造、办公自动化”这一重任交给李某某所在的科研开发处具体负责。李某某作为该项工作的负责人，担当了工程评标会的评委，并负责工程的筹备、招标和投标工作。后北京中科物恒技术开发中心中标。

2001 年 3 月 8 日，研究生院与中科物恒中心签订了正式合同，确定工程款为 169.13 万元；同年 7 月，研究生院成立的工程验收小组对该工程进行了验收，并向中科物恒中心支付了工程款。其间，研究生院将网站服务器的购买工作也交由李某某负责。李某某随即通过中科物恒中心，以 47.65 万元的价格购买了 IBM 服务器三台、IBM 硬盘十二块。

没想到，交付使用的校园网络问题不断，严重影响了正常工作，网络管理人员和用户经常投诉。投入使用仅四个月，研究生院便不得不组织网络专业技术公司对该项目进行测试，结果发现技术质量通过率很低。此后，研究生院要求李某某找中标公司补修，但他却经常拖延，并推托和中标公司不熟悉。

研究生院正式对此予以调查，结果令人吃惊：其一，李某某的母亲就是中科物恒中心的法定代表人；其二，该公司已于 2001 年 11 月 7 日注销。这些情况引起了研究生院的警觉，立即向公安机关报了案。

经北京市石景山区价格认证中心鉴定，中科院研究生院网络工程造价仅为 78 万余元，而研究生院为此多支付了 91 万元；所购买的网站服务器等物品价格为 10 万余元，而研究生院为此多支付了 37 万余元。除此之外，研究生院为网络工程的修复支付了线路测试费、更换交换机等费用，多达 12 万余元。

依据刑法第一百六十六条的规定，北京市石景山区人民法院以“为亲友非法牟利罪”，一审判处李某某有期徒刑一年缓刑一年，并处罚金 1 万元。李某某不服一审判决，向北京市第一中级人民法院提出上诉。一中院审理后驳回李某某的上诉，维持原判。

【案件评析】

本案中，李某某身为国家事业单位的工作人员，主观上具有为亲友非法牟利的故意，客观上实施了利用为本单位采购物品的职务便利，以明显高于市场的价格向自己的亲友经营管理的单位采购商品的行为，使国家利益遭受重大损失，已构成为亲友非法牟利罪。

需要注意的是，要构成刑法第一百六十六条规定的“为亲友非法牟利罪”，国家利益有重大损失是先决条件。按照有关法律规定，对造成国家直接经济损失数额在十万元以上，或者致使有关单位停产、破产，或者造成恶劣影响的，均应予以追诉。

☆“签订、履行合同失职被骗罪”解读

一、立法背景

合同诈骗是随着市场经济的发展而出现的一种诈骗犯罪形式。而一些国有公司、企业、事业单位的工作人员在签订、履行合同过程中，玩忽职守，严重不负责任，导致上当受骗，造成国家财产的重大损失。因此，刑法规定了本罪。

二、条文解读

（一）概念

签订、履行合同失职被骗罪是指国有公司、企业、事业单位直接

负责的主管人员，在签订、履行合同过程中，因严重不负责任被诈骗，致使国家利益遭受重大损失的行为。

（二）构成

1．主体要件

本罪犯罪主体是特殊主体，即国有公司、企业、事业单位直接负责的主管人员。

2．客观要件

本罪的客观方面表现为国有公司、企业、事业单位直接负责的主管人员，在签订、履行合同过程中，因严重不负责任被骗，致使国家利益遭受重大损失的行为。

所谓严重不负责任，主要是指行为人盲目轻信对方，不认真审查对方的合同主体资格、资信情况、履约能力、货源、合同标的的数量、质量等情况，导致被骗。

在签订、履行合同过程中，因严重不负责任被诈骗的行为，只有致使国家利益遭受重大损失的，才构成本罪。这种损失应当是指大量财物被骗无法追回、导致停产、濒临破产等情形。

3．主观要件

行为人主观上出于过失，即行为人在签订、履行合同过程中，因严重不负责任被诈骗。

4．客体要件

本罪侵犯的客体是国有公司、企业、事业单位的正常活动秩序和经济利益。

（三）处罚

国有公司、企业、事业单位直接负责的主管人员，在签订、履行合同过程中，因严重不负责任被诈骗，致使国家利益遭受重大损失的，处三年以下有期徒刑或者拘役；致使国家利益遭受特别重大损失的，处三年以上七年以下有期徒刑。

三、典型案例

林某原是某房地产开发公司法人代表兼经理。2009 年 11 月，林某与某珍珠实业公司经理邹某商量后，擅自携八十万元公款汇票，与邹某一同进京，找到了时任某物资供销公司经理的陈某。陈某自称有八千吨棕榈油全免税批文，愿以每吨八百元的价格转让。林某和邹某表示愿做这笔生意，遂与陈某签订了协议书，将带来的八十万汇票转入陈某公司账户作为订金并取得了“六千吨棕榈油全免税批文”。但林某和邹某轻信了该公司负责人张某的话，没有当场打开批文查验真假，直至返回北海后才知道该批文不是全免税批文而是全税批文。林某自知受骗上当。某区检察院认为，林某在签订履行合同的过程中，因严重不负责任被诈骗，致使国家利益遭受重大损失，其行为已触犯刑律，应当以签订、履行合同失职被骗罪追究其刑事责任。

【案件评析】

本案中，林某身为某国有公司的经理，到北京做生意，因轻信和严重不负责任受骗上当，被不法分子骗走巨额公款无法追回，给国家利益造成了重大损失，其行为构成签订、履行合同失职罪。

☆“国有公司、企业、事业单位人员失职罪”解读

一、立法背景

国有公司、企业、事业单位工作人员在执行企业管理权过程中，由于不负责任而给国家利益造成重大损失的现象并不少见。为了打击和严惩此类犯罪行为，我国刑法规定了国有公司、企业、事业单位人员失职罪。

二、条文解读

（一）概念

国有公司、企业、事业单位的人员失职罪是指国有公司、企业的工作人员，由于严重不负责任，造成国有公司、企业破产或者严重损失，致使国家利益遭受重大损失，以及国有事业单位的工作人员由于严重不负责任，致使国家利益遭受重大损失的行为。

（二）构成

1．主体要件

本罪的主体是特殊主体，即国有公司、企业、事业单位的工作人员。

2．客观要件

本罪的客观方面表现为国有公司、企业、事业单位的工作人员严重不负责任的行为。严重不负责任客观上表现为不履行、不正确履行

或者放弃履行属于自己的职责。通常表现为工作马虎、草率行事，或者公然违反职责规定，或者放弃职守，对自己负责的工作撒手不管等。

3．主观要件

本罪的犯罪主观方面表现为过失。故意不能构成本罪。

4．客体要件

本罪侵犯的客体是国有公司、企业、事业单位正常的管理秩序。

（三）处罚

国有公司、企业的工作人员，由于严重不负责任或者滥用职权，造成国有公司、企业破产或者严重损失，致使国家利益遭受重大损失的，处三年以下有期徒刑或者拘役；致使国家利益遭受特别重大损失的，处三年以上七年以下有期徒刑。

国有事业单位的工作人员有前款行为，致使国家利益遭受重大损失的，依照前款的规定处罚。

国有公司、企业、事业单位的工作人员，徇私舞弊，犯前两款罪的，依照第一款的规定从重处罚。

三、典型案例

2000 年 12 月至 2002 年 6 月间，被告人徐维联、尚进、张笑非时任中国银行北京市分行（现该银行更名为中国银行股份有限公司北京市分行）贷款业务部门的工作人员，在负责审批北京华运达房地产开发有限公司（以下简称北京华运达房地产公司）开发的森豪公寓商品房、华庆时代投资集团有限责任公司（以下简称华庆时代集团公司）开发的华庆公寓商品房的个人住房贷款业务过程中，严重不负责任，没有认真执行银行关于个人住房贷款的有关规定，先后批准向 257 名虚假贷款申请人发放个人住房贷款共计人民币 7.5 亿余元，案发时造成中国银行北京市分行贷款本金损失共计人民币 6.6 亿余元。后徐维联、尚进、张笑非被抓获归案。案发后，公安机关冻结华庆时代集团公司钱款人民币 322 万余元。

2007 年 9 月 6 日，北京市第二中级人民法院以国有企业人员失职罪，分别判处原中国银行北京市分行零售业务处副处长徐维联五年有期徒刑；判处该处消费信贷业务科科长尚进三年零六个月有期徒刑；判处该处消费信贷业务科科员张笑非三年有期徒刑，缓刑四年。

【案件评析】

本案中，徐维联、尚进、张笑非三人身为国有银行工作人员，在履行职务过程中，严重不负责任，先后批准向 257 名虚假贷款申请人发放个人住房贷款共计人民币 7.5 亿余元，案发时造成中国银行北京市分行贷款本金损失共计人民币 6.6 亿余元。三人的行为完全符合国有公司、企业、事业单位人员失职罪的构成要件，法院的判决是合法合理的。

☆“国有公司、企业、事业单位人员滥用职权罪”解读

一、立法背景

国有公司、企业、事业单位的工作人员在执行企业管理权过程中，由于滥用职权而给国家利益造成重大损失的现象并不少见。为了打击和严惩此类犯罪行为，我国刑法规定了国有公司、企业、事业单位人

员滥用职权罪。

二、条文解读

（一）概念

国有公司、企业、事业单位人员滥用职权罪是指国有公司、企业的工作人员，由于滥用职权，造成国有公司、企业破产或者严重损失，致使国家利益遭受重大损失，以及国有事业单位的工作人员由于滥用职权，致使国家利益遭受重大损失的行为。

（二）构成

1．主体要件

本罪的主体是特殊主体，即国有公司、企业、事业单位的工作人员。

2．客观要件

本罪在客观方面通常表现为行为人超越职责权限或违反行使职权所应遵守的程序。

3．主观要件

本罪在主观上表现为国有公司、企业的工作人员由滥用职权，造成国有公司、企业破产或严重亏损，致使国家利益遭受重大损失，以及国有事业单位的工作人员滥用职权，致使国家利益遭受重大损失的行为。

4．客体要件

本罪侵犯的客体是国有公司、企业财产权益和社会主义市场经济秩序。

（三）处罚

国有公司、企业的工作人员，由于严重不负责任或者滥用职权，造成国有公司、企业破产或者严重损失，致使国家利益遭受重大损失的，处三年以下有期徒刑或者拘役；致使国家利益遭受特别重大损失的，处三年以上七年以下有期徒刑。

国有事业单位的工作人员有上述行为，致使国家利益遭受重大损失的，依照前款的规定处罚。

国有公司、企业、事业单位的工作人员，徇私舞弊，犯前两款罪的，依照第一款的规定从重处罚。

三、典型案例

山西省化学纤维研究所（有限公司）原是一个固定资产净值超过7000万元的国有中型企业，曾是山西省化纤工业科研生产基地。金绍斌1996年被山西省纺织总会任命为化纤所董事长兼总经理。上任伊始，金绍斌与时任副总会计师兼财务科长的樊红光无视“国有企业不能为私营企业的贷款提供担保”的有关规定，没有通过党政联席会、经理办公会和职工代表大会的“三会”程序，伪造职工代表大会决议，为3家私营企业的700万元贷款提供信誉担保，共计1678万元。最终导致化纤所倾家荡产，欠债率高达176.5%，给国家造成直接经济损失1040万元，工厂全面停产，职工全员下岗。2004年12月，法院经审理认定，金绍斌的行为构成国有公司人员滥用职权罪，判处金绍斌有期徒刑三年，并处罚金4万元。

【案件评析】

本案是一起典型的国有公司人员滥用职权罪。金绍斌作为国有公司的董事长兼总经理，违反公司“国有企业不能为私营企业的贷款提供担保”的有关规定，也没有通过相应的法定程序，即伪造职工代表决议，为3家私营公司提供担保，最后导致工厂全面停工，给国家利益造成了重大损失。金绍斌滥用职权的行为构成国有公司人员滥用职权罪。

☆“徇私舞弊低价折股、出售国有资产罪”解读

一、立法背景

国有公司、企业代表国家经营管理国有资产，对国有资产的保值、增值负有责任。一些国有公司、企业或者上级主管部门直接负责的主管人员，在国有企业改革的过程中，利用承包租赁、合营、合资、股份制改革等机会，违反国家规定，将国有资产低价折售或者低价出售，为自己或者他人牟取利益，而导致国有资产严重流失，给国家利益造成重大损失。为了依法惩处这种渎职犯罪，保护社会主义公有财产，保障国有企业改革沿着健康的道路前进，刑法第一百六十九条将这种行为规定为犯罪。

二、条文解读

（一）概念

徇私舞弊低价折股、出售国有资产罪是指国有公司、企业或者其上级主管部门直接负责的主管人员，徇私舞弊，将国有资产低价折股

或者低价出售，致使国家利益遭受重大损失的行为。

（二）构成

1．主体要件

本罪的主体是国有公司、企业或者其上级主管部门直接负责的主管人员。

2．客观要件

本罪在客观上表现为行为人有徇私舞弊，将国有资产低价折股或者低价出售的行为。“徇私舞弊”是指行为人为徇私情、谋私利，弄虚作假，欺骗国家，将国家以各种形式对国有公司、企业投资和投资收益形成的财产，以及依照法律、行政法规认定的国有公司、企业的财产，低价折股或者低价出售的行为。行为人实施以上行为，致使国家利益遭受重大损失的，才构成犯罪。

3．主观要件

本罪在主观方面必须由故意构成，并有明确的徇私动机。

4．客体要件

本罪侵害的客体是国有公司、企业财产的国有所有权和国有资产管理制度。

（三）处罚

国有公司、企业或者其上级主管部门直接负责的主管人员，徇私舞弊，将国有资产低价折股或者低价出售，致使国家利益遭受重大损失的，处三年以下有期徒刑或者拘役；致使国家利益遭受特别重大损失的，处三年以上七年以下有期徒刑。

三、典型案例

私营企业主余某、廖某为获得中国工商银行成都市芷泉支行剥离给华融公司成都办的西安银丰项目，虚报注册资本 800 万元，并专门成立了乐施公司。而时任华融公司成都办总经理的张某，则安排其女婿刘某在该公司暗中持股。之后，张某伙同吴某与私营企业主相勾结，暗中操办，将本已被西安市中级人民法院拍卖为 6644 万余元的国有资产，以 1100 万元转让给余某的乐施公司，致使国有资产损失巨大，而乐施公司却凭空获利 1084 余万元，张某和吴某也从中获利。成都市中级人民法院认为，依据刑法有关规定，张某和吴某犯徇私舞弊低价出售国有资产罪。余某、廖某、刘某犯虚报注册资本罪。成都市中级人民法院同时宣布，对本案中案犯的违法所得 1084 万元依法予以追缴。

【案件评析】

本案中，张某和吴某二人，身为国有公司工作人员，却低价将国有资产以低价转让给私营企业，给国家利益造成重大损失，其行为构成徇私舞弊低价出售国有资产罪。徇私舞弊，将国有资产低价折股或者低价出售，涉嫌下列情形之一的，应予立案：（1）造成国家直接经济损失数额在三十万元以上的；（2）造成有关单位破产，停产、停业六个月以上的，或者被吊销许可证和营业执照，责令关闭、撤销、解散的；（3）其他致使国家利益遭受重大损失的情形。

☆“内幕交易、泄露内幕信息罪”解读

一、立法背景

为了规范证券发行和交易，保障证券交易市场健康、有序地发展，惩处证券交易中的各种犯罪行为，刑法针对内幕交易和泄露内幕信息作了相应的规定。

二、条文解读

（一）概念

内幕交易、泄露内幕信息罪是指证券、期货交易内幕信息的知情人员或者非法获取证券、期货交易内幕信息的人员，在涉及证券的发行，证券、期货交易或者其他对证券、期货交易价格有重大影响的信息尚未公开前，买入或者卖出该证券，或者从事与该内幕信息有关的期货交易，或者泄露该信息，情节严重的行为。

（二）构成

1．主体要件

本罪的主体是特殊主体，即证券、期货交易内幕信息的知情人员和非法获取证券、期货交易内幕信息的人员。根据刑法的有关规定，内幕信息、知情人员的范围，依照法律、行政法规的规定而确定。

2．客观要件

本罪在客观方面表现为行为人实施了在涉及证券的发行，证券、期货交易或者其他对证券、期货交易价格有重大影响的信息尚未公开前，买入或者卖出该证券，或者从事与该内幕信息有关的期货交易，或者泄露该信息，或者明示、暗示他人从事上述交易活动的行为。

内幕交易行为及泄露内幕信息行为只有情节严重的，才构成本罪。

3．主观要件

行为人主观上具有犯罪的故意，即有让自己或者他人从中牟利的目的，过失不构成本罪。

4．客体要件

本罪侵害的客体是证券、期货市场的正常管理秩序和证券、期货投资人的合法利益。

（三）处罚

证券、期货交易内幕信息的知情人员或者非法获取证券、期货交易内幕信息的人员，在涉及证券的发行，证券、期货交易或者其他对证券、期货交易价格有重大影响的信息尚未公开前，买入或者卖出该证券，或者从事与该内幕信息有关的期货交易，或者泄露该信息，或者明示、暗示他人从事上述交易活动，情节严重的，处五年以下有期徒刑或者拘役，并处或者单处违法所得一倍以上五倍以下罚金；情节特别严重的，处五年以上十年以下有期徒刑，并处违法所得一倍以上五倍以下罚金。

单位犯上述罪的，对单位判处罚金，并对其直接负责的主管人员和其他直接责任人员，处五年以下有期徒刑或者拘役。

内幕信息、知情人员的范围，依照法律、行政法规的规定确定。

三、典型案例

从2006年2月开始，时任广发证券总裁的董正青以支持延边公路股改为由，多次要求董德伟买入延边公路股票。同年5月中旬，董正青利用其掌握广发证券借壳延边公路的内幕信息，向董德伟泄露该内幕信息，建议董德伟买入和卖出延边公路股票。同期，董正青又将该内幕信息泄露给赵书亚。

董德伟利用该内幕信息，在2006年5月10日至同年6月5日期间，利用其控制的多个他人账户买卖延边公路股票，获利人民币2284万余元。赵书亚利用该内幕信息，在上述期间，利用其控制的账户买卖延边公路股票，获利约人民币100万元。

为应付中国证监会调查，董正青、董德伟、赵书亚经密谋，由董德伟、赵书亚伙同他人向中国证监会作伪证。期间，董德伟指使多人迅速提取买卖延边公路股票的全部资金。

法院经审理，判决董正青犯泄露内幕信息罪，判处有期徒刑四年，并处罚金人民币300万元。董德伟犯内幕交易罪，判处有期徒刑四年，并处罚金人民币2500万元。赵书亚犯内幕交易罪，判处有期徒刑一年九个月，并处罚金人民币100万元。

【案件评析】

本案中，董正青作为内部信息知情人，将内幕信息“广发证券借壳延边公路”泄露给他人，让他人买入卖出延边公路股票，从中牟利，其行为构成内幕交易罪。

内幕交易、泄露内幕信息涉嫌下列情形之一的，应予立案追诉：1．证券交易成交额累计在五十万元以上的；2．期货交易占用保证金数额累计在三十万元以上的；3．获利或者避免损失数额累计在十五万元以上的；4．多次进行内幕交易，泄露内幕信息的；5．其他情节严重的行为。

☆“违法运用资金罪”解读

一、立法背景

在我国的资产投资管理市场，对社会保障基金、住房公积金等公众资产的管理直接关系到广大人民群众的切身利益和社会保障制度实施的效果。从目前的实际情况来看，这一领域出现的违规操作也不容忽视，对于后果比较严重的，有必要规定为犯罪。因此，刑法修正案（六）增设了此罪。

二、条文解读

（一）概念

违法运用资金罪是指社会保障基金管理机构、住房公积金管理机构等公众资金经营、管理机构，以及保险公司、保险资产管理公司、证券投资基金管理公司，违反国家规定运用资金的行为。

（二）构成

1．主体要件

本罪主体是单位，包括社会保障基金管理机构、住房公积金管理机构等公众资金经营、管理机构，以及保险公司、保险资产管理公司、证券投资基金管理公司。

2．客观要件

本罪在客观上表现为行为人必须实施了违反国家规定运用资金的行为。所谓违反国家规定是指违反全国人大及其常委会制定的法律和决定，国务院制定的行政法规、规定的行政措施、发布的决定和命令。行为人违反国家规定运用资金的行为必须达到情节严重的程度。

3．主观要件

本罪的主观方面是出于故意。

4．客体要件

本罪侵犯的客体是公众资金的安全管理。

（三）处罚

犯本罪的，对犯罪单位的直接负责的主管人员和其他直接责任人员，处三年以下有期徒刑或者拘役，并处三万元以上三十万元以下罚金；情节特别严重的，处三年以上十年以下有期徒刑，并处五万元以上五十万元以下罚金。

社会保障基金管理机构、住房公积金管理机构等公众资金管理机构，以及保险公司、保险资产管理公司、证券投资基金管理公司，违反国家规定运用资金的，对其直接负责的主管人员和其他直接责任人员，依照有关的规定处罚。

☆“违法发放贷款罪”解读

一、立法背景

为了维护金融安全，促进社会经济的健康发展，加强信贷管理，严厉打击违法发放贷款的行为，刑法规定了违法发放贷款罪。后刑法修正案（六）对本罪进行了修改。

二、条文解读

（一）概念

违法发放贷款罪是指银行或者其他金融机构的工作人员违反国家规定发放贷款或者向关系人发放贷款，数额巨大或者造成重大损失的行为。

（二）构成

1．主体要件

本罪的主体是银行或者其他金融机构的工作人员。银行包括各商业银行以及其他在我国境内设立的合资、外资银行。其他金融机构是指除银行以外的其他经营保险、信托投资、证券、外汇、期货、融资租赁等金融业务的机构。

2．客观要件

本罪在客观方面表现为行为人必须实施了违反国家规定发放贷款的行为。行为人非法发放贷款行为，必须数额巨大或者造成了重大损失的，才构成犯罪。

3．主观要件

本罪在主观方面表现为过失，即行为人对于其非法发放贷款行为可能造成的重大损失是出于过失，这种过失一般是过于自信的过失。至于行为人实施的发放贷款行为本身，则是出于故意，尤其滥用职权，更是故意而为，但违法发放贷款罪属于结果犯，行为人对行为的故意并不影响其对结果的过失，因而违法发放贷款罪仍属于过失犯罪。

4．客体要件

本罪侵犯的客体是国家的金融管理制度，具体是国家的贷款管理制度。

（三）处罚

银行或者其他金融机构的工作人员违反国家规定发放贷款，数额巨大或者造成重大损失的，处五年以下有期徒刑或者拘役，并处一万元以上十万元以下罚金；数额特别巨大或者造成特别重大损失的，处五年以上有期徒刑，并处二万元以上二十万元以下罚金。

银行或者其他金融机构的工作人员违反国家规定，向关系人发放贷款的，依照前款的规定从重处罚。

单位犯前两款罪的，对单位判处罚金，并对其直接负责的主管人员和其他直接责任人员，依照前两款的规定处罚。

关系人的范围，依照《中华人民共和国商业银行法》和有关金融法规确定。

三、典型案例

原中华人民共和国工商银行北京市昌平支行副行长李子军违规放贷金额达到近4000万元。2003年9月至12月期间，李子军在该行与北京众实宏业物资有限责任公司个人汽车消费贷款业务合作过程中，违反法律规定，向孟某、席某等人发放个人汽车消费贷款13笔，共计人民币1855.5万元，造成中国工商银行北京市昌平支行损失1363.8万余元。此外，2003年9月，李子军还在与北京众实房地产经纪有限公司个人综合消费贷款业务合作过程中，违反法律规定向王某、唐某等人发放贷款10笔，共计人民币2000万元，造成昌平支行损失1006.8万余元。后李子军被市一中院以违法发放贷款罪判处有期徒刑七年。

【案件评析】

本案中，李子军身为银行工作人员，多次违反国家规定发放贷款，导致昌平支行损失2370.6万余元，其行为符合违法发放贷款罪的构成要件，故李子军犯违法发放贷款罪，依法应当承担相应的刑事责任。

第五节 侵犯公民人身权利、民主权利罪概述

一、侵犯公民人身权利、民主权利罪的概念

侵犯公民人身权利、民主权利罪是指故意或者过失地侵犯公民的人身权利、民主权利以及与人身直接有关的权利，依法应当受到刑罚处罚的行为。侵犯公民人身权利、民主权利罪，实际上包括两类犯罪，即侵犯公民人身权利罪和侵犯公民民主权利罪。

二、侵犯公民人身权利、民主权利罪的特征

（一）本类犯罪侵犯的客体是公民的人身权利和民主权利

公民的人身权利是指我国法律所保护的与公民的人身不可分离的权利，它包括公民的生命权、健康权、性的不可侵犯权、人身自由权、人格名誉权，以及与人身直接相关的住宅不受侵犯权等。公民的民主权利，是指公民所享有的管理国家和参加正常的社会活动的权利，主要包括选举权和被选举权、控告权、申诉权、批评权、检举权等。

（二）本类犯罪在客观方面表现为各种非法侵犯人身权利、其他与人身直接有关的权利以及民主权利的行为

在方式上，“侵犯”包括剥夺、限制、损害、破坏、阻碍等行为；在表现形式上，多数犯罪只能是作为，如强奸罪，强制猥亵、侮辱妇女罪，绑架罪，拐卖妇女、儿童罪，侮辱罪，破坏选举罪等。少数几种犯罪，既可表现为作为，也可表现为不作为，如故意杀人罪、故意伤害罪、非法拘禁罪等。

（三）本类犯罪的主体多数只能是自然人，少数既可以是自然人，也可以是单位。在以自然人为主体的犯罪中，多数为一般主体，少数为特殊主体

（四）本类犯罪在主观方面，除了过失致人死亡罪和过失致人重伤罪由过失构成外，其他罪均由故意构成。其中包括直接故意和间接故意

三、侵犯公民人身权利、民主权利罪的种类

刑法分则第四章规定了侵犯公民人身权利、民主权利的犯罪，主要包括故意杀人罪，过失致人死亡罪，故意伤害罪，组织出卖人体器官罪，过失致人重伤罪，强奸罪，强制猥亵、侮辱妇女罪，猥亵儿童罪，非法拘禁罪，绑架罪，拐卖妇女、儿童罪，收买被拐卖的妇女、儿童罪，聚众阻碍解救被收买的妇女、儿童罪，诬告陷害罪，强迫劳动罪，雇用童工从事危重劳动罪，非法搜查罪，非法侵入住宅罪，侮辱罪，诽谤罪，刑讯逼供罪，暴力取证罪，虐待被监管人罪，煽动民族仇恨、民族歧视罪，出版歧视、侮辱少数民族内容作品罪，非法剥

夺公民宗教信仰自由罪，侵犯少数民族风俗习惯罪，侵犯通信自由罪，私自开拆、隐匿、毁弃邮件、电报罪，出售、非法提供公民个人信息罪，非法获取公民个人信息罪，报复陷害罪，打击报复会计、统计人员罪，破坏选举罪，暴力干涉婚姻自由罪，重婚罪，破坏军婚罪，虐待罪，遗弃罪，组织残疾人、儿童乞讨罪，组织未成年人进行违反治安管理活动罪。

☆“强迫劳动罪”解读

一、立法背景

刑法修正案（八）将“强迫职工劳动罪”修改为“强迫劳动罪”，这是与社会相适应的。一些企业和业主，用诱骗的手段招募工人，雇用打手甚至通过黑恶势力，以暴力、威胁的手段剥夺工人的人身自由，强迫甚至奴役他们长时间从事高强度劳动。一些不法分子明知他人实施强迫劳动，为牟取利益，专门以“招工”等诱骗手段为其招募、运送劳动力或者以其他手段协助实施强迫劳动，形成利益共同体。1997年刑法规定的强迫职工劳动罪已经不能适应打击此类行为的需要。因此，刑法修正案（八）规定了“强迫劳动罪”。

二、条文解读

（一）概念

强迫劳动罪是指以暴力、威胁或者限制人身自由的方法强迫他人劳动的行为。

（二）构成

1．主体要件

本罪的主体是一般主体，包括自然人和单位。

2．客观要件

本罪在客观方面有两种表现：

一是行为人实施了以暴力、威胁或者限制人身自由的方法强迫他人劳动的行为。这里的“他人”既包括与用人单位签订劳动合同的职工，也包括犯罪分子非法招募的工人、智障人等。“暴力”是指犯罪分子直接对被害人实施殴打、伤害等危及其人身安全的行为，使其不能反抗、逃跑。“威胁”是指犯罪分子对被害人施以恫吓，进行精神强制，使其不敢反抗、逃跑。“限制人身自由的方法”则是以限制离厂、不让回家，甚至雇用打手看管等方法非法限制被害人的人身自由，强迫其参加劳动。

二是行为人明知他人实施强迫劳动，依然为其招募、运送人员或者有其他协助强迫他人劳动的行为。

3．主观要件

行为人实施强迫劳动，主观上出于故意，过失不能构成本罪。

4．客体要件

本罪侵犯的客体是劳动者的人身自由和休息、休假权利。

（三）处罚

以暴力、威胁或者限制人身自由的方法强迫他人劳动的，处三年以下有期徒刑或者拘役，并处罚金；情节严重的，处三年以上十年以下有期徒刑，并处罚金。

明知他人实施前款行为，为其招募、运送人员或者有其他协助强迫他人劳动行为的，依照前款的规定处罚。

单位犯前两款罪的，对单位判处罚金，并对其直接负责的主管人员和其他直接责任人员，依照第一款的规定处罚。

三、典型案例

王某是某砖厂老板，为了节省成本，强迫工人劳动。王某将工人骗到砖厂后，强迫工人每日从凌晨干活到第二天天黑，住工棚，吃蔬菜。只有几个精神状态正常的人每月有 300 元的工资（王某口头承诺），其他智障人分文没有。如果没有活干，工人就被王某放在屋子里不准出来。有试图逃跑的人都被王某抓回来毒打。后经人举报，王某被抓获，检察机关提起公诉后，人民法院经过审理，认为王某构成非法拘禁罪、强迫职工劳动罪，两罪并罚判处有期徒刑三年，并处罚金两千元。

【案件评析】

实践中，砖厂老板以市场价格将砖块承包给包工头搬运，人员等均由包工头负责。时下工人工资看涨，为了使利益最大化，包工头到处拉廉价劳动力，不惜以欺骗、暴力等拉人做工。因为智障人士无所谓工资要求，也不敢提出要求，还方便管理。所以，犯罪嫌疑人将黑手伸向了有劳动能力的智障人士。针对此社会背景，我国刑法制定了强迫劳动罪。

本案发生在刑法修正案（八）出台之前。依照刑法当时的规定，王某的行为构成强迫职工劳动罪和非法拘禁罪，因此，法院的判决无误。而依照刑法修正案（八）的规定，王某的行为无疑构成强迫劳动罪。

☆“雇用童工从事危重劳动罪”解读

一、立法背景

未成年人身心尚未成熟，我国法律对未成年人有着特殊的保护。为了打击社会上个别单位雇用童工从事危重劳动的行为，刑法修正案（四）增加了本规定，以保护未成年人的合法权益。

二、条文解读

（一）概念

雇用童工从事危重劳动罪是指违反劳动管理法规，雇用未满十六周岁的未成年人从事超强度体力劳动的，或者从事高空、井下作业的，或者在爆炸性、易燃性、放射性、毒害性等危险环境下从事劳动，情节严重的行为。

（二）构成

1．主体要件

本罪的主体是一般主体，既包括个人，也包括单位。实践中大多数为单位。

2．客观要件

本罪在客观方面表现为行为人违反劳动管理法规，雇用未满十六周岁的未成年人从事超强度体力劳动，或者从事高空、井下作业，或者在爆炸性、易燃性、放射性、毒害性等危险环境下从事劳动，情节严重的行为。具体表现形式有三种：

一是从事“超强度体力劳动”。这是指从事国家禁止的《体力劳动强度分级》国家标准中第四级体力劳动强度的作业。

二是从事“高空、井下作业”。这是指从事国家禁止的《高处作业分级》国家标准中第二级以上的高处作业和矿山井下作业。

三是“在爆炸性、易燃性、放射性、毒害性等危险环境下”从事劳动。在“爆炸性”危险环境下劳动，是指从事具有爆炸性能、能够引起爆炸的各种用于爆破、杀伤的物质的劳动，在“易燃性”危险环境下劳动，是指从事各种很容易引起燃烧的化学物品、液剂等劳动，如汽油、液化石油、酒精、丙酮、橡胶水等。在“放射性”危险环境下劳动，是指从事含有能自发放射出穿透力很强的放射性化学元素和其他各种具有放射性能，并对人体或者牲畜能够造成严重损害的物质的劳动，如铀、钴、镭等。在“毒害性”危险环境下劳动，是指从事含有能致人死亡的毒质的有机物或者无机物的劳动，如砒霜、敌敌畏、氰化钾、剧毒农药、毒气等。

3．主观要件

行为人主观方面由故意构成，包括直接故意和间接故意。过失不构成本罪。

4．客体要件

本罪侵犯的客体是未成年人的身心健康。

（三）处罚

违反劳动管理法规，雇用未满十六周岁的未成年人从事超强度体力劳动的，或者从事高空、井下作业的，或者在爆炸性、易燃性、放射性、毒害性等危险环境下从事劳动，情节严重的，对直接责任人员，处三年以下有期徒刑或者拘役，并处罚金；情节特别严重的，处三年以上七年以下有期徒刑，并处罚金。

有前款行为，造成事故，又构成其他犯罪的，依照数罪并罚的规定处罚。

三、典型案例

崔某在某地承包搭建拆除建筑工地升降机工程。搭建拆除升降机属于容易发生危险事故的特殊作业，理应由具有专业技术证书的人员操作，但崔某既没有特种行业资质，也没有相应的专业技术人员队伍。2010 年 7 月 1 日晚，崔某遇到刚初中毕业从老家来探望父亲的十五周岁的小冉，他说服小冉父亲，同意崔某以日工资七十元雇用小冉。

次日一早，崔某带小冉来到工地上拆除升降机。在没有对小冉进行必要安全防范教育的情况下，崔某就在旁边指使从没接触过升降机的小冉进行操作。由于操作不当，上岗才一个小时的小冉，不幸被卷进卷扬钢绳当场绞压而死。

事故发生后，检察院主动提前介入，引导公安机关侦查此案。7 月 16 日，该院以涉嫌雇用童工从事危重劳动罪批准逮捕了崔某。

【案件评析】

根据刑法第二百四十四条之一的规定，崔某违反劳动管理法规，雇用未满十六周岁的小冉从事危险作业，造成小冉死亡，其行为构成雇用童工从事危重劳动罪。由于事故造成小冉死亡，属于情节特别严重的情形，因此，法院应当判处崔某三年以上七年以下有期徒刑，并处罚金。另外，小冉的父亲为了赚钱，他居然同意还是学生的儿子去从事高危工作，难逃道义上的谴责。此案对那些违反劳动法、擅自雇用童工从事危重劳动的私营企业主更具有警示意义。

☆“刑讯逼供罪”解读

一、立法背景

刑讯逼供现象在长期的封建专制历史中大量存在。受此影响，如今在个别司法人员身上，仍然会发生刑讯逼供的现象。为了维护国家机关的形象，保护当事人的合法权益，刑法规定了刑讯逼供罪。

二、条文解读

（一）概念

刑讯逼供罪是指司法工作人员对犯罪嫌疑人、被告人使用肉刑或者变相肉刑，逼取口供的行为。

（二）构成

1．主体要件

本罪的主体为特殊主体，即司法工作人员，具体是指负有侦查、检察、审判、监管职责的国家工作人员。

2．客观要件

本罪在客观上表现为对犯罪嫌疑人、被告人使用肉刑或者变相肉刑逼取口供的行为。首先，刑讯的对象是犯罪嫌疑人和被告人。其次，刑讯方法必须是使用肉刑或者变相肉刑。所谓肉刑是指对被害人的肉体施行暴力，如吊打、捆绑、殴打以及其他折磨人的肉体的方法。所谓变相肉刑是指对被害人使用非暴力的摧残和折磨，如冻、饿、烤、晒等。无论是使用肉刑还是变相肉刑，均可成立本罪。再次，必须有逼供行为，即逼迫犯罪嫌疑人、被告人作出行为人所期待的口供。刑讯逼供致人伤残、死亡的，以故意伤害罪、故意杀人罪论处。

3．主观要件

本罪在主观上只能是故意，并且具有逼取口供的目的。至于行为人是否得到供述，犯罪嫌疑人、被告人的供述是否符合事实，均不影响本罪的成立。

4．客体要件

本罪侵犯的客体是双重客体，即公民的人身权利和国家司法机关的正常活动。

（三）处罚

司法工作人员对犯罪嫌疑人、被告人实行刑讯逼供或者使用暴力逼取证人证言的，处三年以下有期徒刑或者拘役。致人伤残、死亡的，依照刑法第二百三十四条、第二百三十二条的规定定罪从重处罚。

三、典型案例

2007 年 7 月 12 日凌晨 2 时许，某地郭某夫妇在家中被人杀害。当地公安局在侦查过程中，将李某确定为犯罪嫌疑人，并将其刑事拘留。7 月 21 日至 9 月 3 日将李某送回看守所期间，因李某坚称“7·12”案与自己无关，办案人员对李某采取了电击、灌辣椒水和方便面调料、抹芥末油等刑讯逼供方式。李久明受刑不过，承认“7·12”案系其所为。2008 年 11 月 26 日，某市中级人民法院以故意杀人罪和非法持有枪支罪判处李某死刑，缓期两年执行，附带民事赔偿 102976.58 元。

在此期间，河北警方接到浙江温州警方协查通报，温州市某公安分局看守所在押人员蔡某称自己曾在 2007 年 7 月 12 日凌晨闯入郭某家中抢劫杀人的事实。蔡某的供述被查证属实。2009 年 11 月 26 日，李某被无罪释放。

2010 年 5 月 26 日，法院经过审理后认为某市公安局某分局局长王某、副局长杨某犯刑讯逼供罪，分别被判处有期徒刑二年。

【案件评析】

本案中，王某、杨某身为司法人员，在案件的侦查过程中，对犯罪嫌疑人李某使用肉刑及变相肉刑以逼取口供，其行为已经构成刑讯逼供罪。被害人李某可以根据我国国家赔偿法第十七条第（四）项的规定，要求获得国家赔偿。

☆“暴力取证罪”解读

一、立法背景

暴力取证同刑讯逼供一样是封建专制历史的残留。暴力取证违反社会主义民主和法制。为了维护国家机关的形象，保护当事人的合法权益，我国刑法规定了暴力取证罪。

二、条文解读

（一）概念

暴力取证罪是指司法工作人员对证人使用暴力，逼取证言的行为。

（二）构成

1．主体要件

本罪的主体是司法工作人员，即有侦查、检察、审判、监管职责的国家工作人员。

2．客观要件

本罪在客观方面表现为司法工作人员使用暴力逼取证人证言的行为。证人是指在刑事诉讼中，知道案件情况而向司法机关作证的人。对于不知道案件情况或者知道案件情况但拒绝作证的人，司法工作人员使用暴力逼迫提供证言的人，也属于证人。暴力取证致人伤残、死亡的，依刑法第二百三十四条关于故意伤害罪、第二百三十二条关于故意杀人罪的规定，从重处罚。

3．主观要件

本罪的主观方面是故意，并且具有逼取证人证言的目的。

4．客体要件

本罪侵犯的是双重客体，即公民的人身权利和国家司法机关的正常活动。

（三）处罚

司法工作人员对犯罪嫌疑人、被告人实行刑讯逼供或者使用暴力逼取证人证言的，处三年以下有期徒刑或者拘役。致人伤残、死亡的，依照刑法第二百三十四条、第二百三十二条的规定定罪从重处罚。

三、典型案例

2000 年 1 月，李某和练城乡政府工作人员娄某对一起盗窃案的证人厉某某进行询问。询问过程中，李某二人对厉某某拳脚相加，致使其双腿部分皮下出血。1 月 29 日晚，李某带人又将厉某某带到派出所询问，询问过程中，厉某某浑身发抖，出现呼吸困难。1 月 31 日，厉某某经医治无效死亡。2000 年 4 月 5 日，通许县检察院以涉嫌暴力取证罪对李某提起公诉，该县法院一审以故意伤害罪判处李某有期徒刑十年。李某不服，他提出的上诉和申诉，先后被开封市中级法院驳回；李某仍不服，向河南省高级法院提出申诉。2011 年 1 月，接受该省高级法院指定审理的开封县法院以证据不足为由对李某作出无罪判决。开封县检察院收到判决书后经审查认为，法院判决不当，遂依法抗诉。开封市中级法院在二审中采纳了该院的抗诉理由，以暴力取证罪判处李某有期徒刑三年。

【案件评析】

本案中，李某身为司法机关工作人员，在询问证人的过程中，采用暴力手段逼取证言，情节严重，其行为构成暴力取证罪。根据刑法第二百四十七条的规定，暴力取证致人伤残、死亡的，应当依照故意伤害罪、故意杀人罪的规定来进行处罚。本案中，没有足够的证据证明李某暴力取证的行为与厉某某的死亡之间存在因果关系，因此，法院依法认定李某犯暴力取证罪。

☆“煽动民族仇恨、民族歧视罪”解读

一、立法背景

煽动民族仇恨、民族歧视严重影响我国各民族平等、团结、互助

的精神。为维护社会安定团结、促进民族团结，1997年刑法修订时制定了煽动民族仇恨、民族歧视罪。

二、条文解读

（一）概念

煽动民族仇恨、民族歧视罪是指以各种蛊惑人心的方法，公开煽动民族仇恨、民族歧视，情节严重的行为。

（二）构成

1．主体要件

本罪的主体是一般主体，凡达到刑事责任年龄且具备刑事责任能力的自然人均能构成本罪。

2．客观要件

本罪在客观方面表现为煽动民族仇恨、民族歧视，情节严重的行为。所谓煽动，是指以语言、文字等形式公然宣传。所谓民族仇恨，是指基于种族、肤色、世俗的原因而产生的强烈憎恨。所谓民族歧视，是指基于种族、肤色、世俗的理由而对人们进行区别、排斥、限制，意图损害其他民族的平等地位以及其他合法权益。

3．主观要件

本罪在主观方面表现为故意，且以激起民族仇恨、民族歧视为目的。

4．客体要件

本罪侵犯的客体是民族平等。我国宪法第四条规定："禁止对任何民族的歧视和压迫，禁止破坏民族团结和制造民族分裂的行为。"

（三）处罚

煽动民族仇恨、民族歧视，情节严重的，处三年以下有期徒刑、拘役、管制或者剥夺政治权利；情节特别严重的，处三年以上十年以下有期徒刑。

三、典型案例

2003年2月至3月间，孙某因仇视信奉伊斯兰教的民族，先后向北京市宣武区牛街清真寺阿訇、北京市回民中学、中央电视台主持人等单位及个人，匿名撰写并邮寄数封含有侮辱、恐吓内容的信件，公然煽动对回族的仇恨和歧视，严重违反了我国宪法规定的“各民族一律平等”的原则，扰乱了我国民族工作秩序，严重侵犯了我国广大回族群众的平等权利和民族尊严。公诉机关认为，被告人孙某的行为触犯了《中华人民共和国刑法》第二百四十九条的规定，已构成煽动民族仇恨、民族歧视罪，北京市石景山区人民法院经审理后认为，被告人孙某犯煽动民族仇恨、民族歧视罪，判处有期徒刑二年。

【案件评析】

煽动民族仇恨、民族歧视罪属于煽动型犯罪，是一种特殊类型的犯罪。本案中，孙某本人非常仇视和歧视信奉伊斯兰教的民族，并在邮寄的信中非常明确、强烈地表达了这种对立情绪。孙某的行为具有煽动性。就其邮寄信件的内容来看，充满了对信奉伊斯兰教的民族的仇视和轻蔑，并采用了许多侮辱性语言，此信的内容若被公开扩散，必然会极大地伤害回民群众的感情和自尊，造成民族间的误解和冲突，产生极坏的影响。因此，孙某的行为构成煽动民族仇恨、民族歧视罪。

☆“侵犯少数民族风俗习惯罪”解读

一、立法背景

我国是一个多民族的国家，各民族都有自己独特的风俗习惯，国家尊重和保护少数民族风俗习惯的延续和发展。为惩治侵犯少数民族风俗习惯的违法犯罪行为，我国刑法规定了侵犯少数民族风俗习惯罪。

二、条文解读

（一）概念

侵犯少数民族风俗习惯罪，是指国家机关工作人员以强制手段干涉、破坏少数民族风俗习惯或者强迫少数民族改变风俗习惯，情节严重的行为。

（二）构成

1．主体要件

本罪主体是特殊主体，为国家机关工作人员。

2．客观要件

本罪客观上表现为以强制手段非法干涉、破坏少数民族风俗习惯的行为。干涉、破坏的形式表现为使用暴力、胁迫、利用权势、运用行政措施等．从内容上看，主要表现为强迫少数民族公民改变自己的风俗习惯，干涉或破坏少数民族根据自己的风俗习惯所进行的正当行动。

3．主观要件

行为人主观上是故意。行为人明知自己的行为会发生侵犯少数民族保持与改革本民族风俗习惯的危害结果，并且希望或者放任这种结果的发生。

4. 客体要件

本罪侵犯的客体是少数民族保持或者改革自己的风俗习惯的自由。

（三）处罚

国家机关工作人员非法剥夺公民的宗教信仰自由和侵犯少数民族风俗习惯，情节严重的，处二年以下有期徒刑或者拘役。

☆“报复陷害罪”解读

一、立法背景

我国公民享有对国家机关及其工作人员控告、申诉、批评、举报的基本权利。为了保障公民上述权利的正常行使，维护社会稳定和国家机关的形象，我国刑法规定了报复陷害罪。

二、条文解读

（一）概念

报复陷害罪是指国家机关工作人员滥用职权、假公济私，对控告人、申诉人、批评人、举报人实行报复陷害的行为。

（二）构成

1. 主体要件

本罪的主体是特殊主体，即国家机关工作人员。

2. 客观要件

本罪在客观方面表现为国家机关工作人员滥用职权、假公济私，对控告人、申诉人或批评人、举报人实行打击报复陷害的行为。滥用职权是指国家机关工作人员违背职责的规定而行使职权。假公济私是指国家机关工作人员以工作为名，为徇私情或者实现个人目的而利用职务上的便利。

3. 主观要件

本罪行为人主观上出于直接故意，并且具有报复陷害他人的目的。报复陷害的对象只能是申诉人、控告人、批评人和举报人。

4. 客体要件

本罪侵犯的客体是公民的民主权利和国家机关的正常活动。

（三）处罚

国家机关工作人员滥用职权、假公济私，对控告人、申诉人、批评人、举报人实行报复陷害的，处二年以下有期徒刑或者拘役；情节严重的，处二年以上七年以下有期徒刑。

三、典型案例

李某举报区委书记张某的受贿行为，被张某知晓。2007 年 8 月，张某编造了举报人李某有关问题的信件，指使时任区人民检察院检察长的汪某对李某进行查处，以实现对李某打击报复的目的。汪某明知张某报复举报人李某而迎合张某，滥用检察权，违背事实和法律违法办案，利用上述举报信，安排检察人员以贪污、受贿等罪名对李某逮捕和提起公诉，并对其亲属进行陷害。2008 年 3 月 13 日，李某收到起诉书后自缢身亡。2010年2月8日，市中级人民法院对张某受贿、报复陷害，汪某报复陷害案作出一审判决。法院认定张某犯受贿罪、报复陷害罪，两罪并罚，决定执行死刑，缓期二年执行，剥夺政治权利终身，并处没收个人全部财产。汪某犯报复陷害罪，判处有期徒刑六年。

【案件评析】

张某为报复举报人，伙同汪某滥用职权，编造事由对举报人及其亲属追究刑事责任，严重侵害了他人的合法权利，造成了严重的后果和恶劣的社会影响，对国家机关的声誉造成了极大损害。汪某身为检察长，在明知张某意欲报复陷害举报人的情况下，无视法律规定及检察机关办案程序，强行推动李某案件立案侦查及审查起诉，两人为进一步报复李某，完全背离了国家工作人员的职责要求。根据审理查明的事实、情节、后果及张某和汪某在共同犯罪的地位和作用，法院以受贿罪、报复陷害罪两罪并罚判处张某死刑，缓期二年执行，判处汪某有期徒刑六年。

☆"打击报复会计、统计人员罪"解读

一、立法背景

会计、统计人员必须严格按照法律的规定履行职责，但实践中会出现单位领导人对依法履行职责、抵制违法的会计和统计人员进行打击报复的情况。为了维护会计、统计人员的合法权益，保障会计、统计工作的正常进行，我国刑法制定了打击报复会计、统计人员罪。

二、条文解读

（一）概念

打击报复会计、统计人员罪是指公司、企业、事业单位、机关、团体的领导人员，对依法履行职责，抵制违反会计法、统计法行为的会计、统计人员实行打击报复，情节恶劣的行为。

（二）构成

1．主体要件

本罪的主体是特殊主体，具体包括公司、企业、事业单位、机关、团体的领导人员。

2．客观要件

本罪在客观方面表现为公司、企业、事业单位、机关、团体的领导人，对依法履行职责，抵制违反会计法、统计法行为的会计统计人员实行打击报复，情节恶劣的行为。

3．主观要件

本罪在主观方面表现为故意，并且具有打击报复的目的。

4．客体要件

本罪侵犯的客体是双重客体，既侵犯了会计、统计人员的人身权利，又侵犯了国家的会计、统计管理制度。

（三）处罚

公司、企业、事业单位、机关、团体的领导人，对依法履行职责、抵制违反会计法、统计法行为的会计、统计人员实行打击报复，情节恶劣的，处三年以下有期徒刑或者拘役。

三、典型案例

某年某月，某公司财务主管姜某要求公司新任会计王某采取少记营业收入款的办法来应付税务机关的检查，以达到偷税的目的。在税务干部的教育帮助下，王某不但向公司领导反映了姜某的偷税情况，而且在向税务机关缴纳税款时，如实地缴纳了税款。姜某得知此情况后，就先后多次对王某和公司领导讲，要求调换王某的工作。公司领导没有同意姜某的要求。此后，姜某就不让朱搞会计工作，并停发了王某的工资。王某被迫向税务机关告发了姜某的偷税行为。此案经县人民检察院立案侦查，认为被告人姜某的行为已触犯我国刑法，构成打击报复会计、统计人员罪，并依法向人民法院提起公诉。经人民法院审理，以打击报复会计、统计人员罪依法判处被告人姜某有期徒刑六个月，缓刑一年。

【案件评析】

本案中，姜某身为公司工作人员，为达到偷税的目的，而要求会计做假账。会计王某未从，姜某便实施打击报复，其行为符合打击报复会计、统计人员罪的构成。因此，姜某的行为构成打击报复会计、统计人员罪。

☆“破坏选举罪”解读

一、立法背景

选举权和被选举权是我国公民享有的一项基本权利。公民参与选举是人民当家做主和社会主义民主的重要表现方式。但个别人为了达到自己的个人目的，不惜以各种手段破坏选举或者妨碍选民和代表自由行使选举权和被选举权。因此，我国刑法规定了破坏选举罪。

二、条文解读

（一）概念

破坏选举罪是指在选举各级人民代表大会代表和国家机关领导人员时，以暴力、威胁、欺骗、贿赂、伪造选举文件、虚报选举票数等手段破坏选举或者妨害选民和代表自由行使选举权和被选举权，情节严重的行为。

（二）构成

1．主体要件

本罪的主体是一般主体，可以是普通公民，也可以是国家工作人员。

2．客观要件

本罪的客观方面表现为行为人在选举各级人民代表大会代表和国家机关领导人员时，以暴力、威胁、欺骗、贿赂、伪造选举文件、虚报选举票数等手段破坏选举或者妨害选民和代表自由行使选举权和被选举权，情节严重的行为，具体包括以下几个条件：一是破坏的选举活动必须是依法选举各级人民代表大会代表和国家机关领导人员的选举活动。二是破坏选举必须是以暴力、威胁、欺骗、贿赂、伪造选举文件、虚报选举票数等手段进行。三是足以造成破坏选举或者妨害选民和代表自由行使选举权和被选举权的后果的行为。

3．主观要件

本罪在主观方面表现为故意。一般出于破坏选举或妨害选民、代表自由行使选举权利的目的。

4．客体要件

本罪侵犯的客体是公民的选举权利和国家的选举制度。

（三）处罚

在选举各级人民代表大会代表和国家机关领导人员时，以暴力、威胁、欺骗、贿赂、伪造选举文件、虚报选举票数等手段破坏选举或者妨害选民和代表自由行使选举权和被选举权，情节严重的，处三年以下有期徒刑、拘役或者剥夺政治权利。

三、典型案例

2003年1月至2月，A县召开第十五届人民代表大会进行换届选举。时任该县农业局局长的尹某为了当选副县长，利用职务之便，指使该县农业技术推广中心主任陈某、县种子公司经理余某、县农业局水产站站长寸某对A县农村人大代表进行贿赂。随后，尹某安排陈某以样板肥的名义发给出席本届人代会的数十名农村人大代表每人一套肥料和一筒农用薄膜。陈某分别通知各乡镇农科站站长到县土肥站领取肥料等物资发给农村人大代表，并授意他们让收到农用物资的代表在选举时投尹某的票。此外，陈某、余某、寸某还分别送给部分人大代表贿赂款两千余元及物品。通过贿赂农村人大代表，尹某于同年2月24日以106票当选为A县人民政府副县长。2004年3月10日，尹某破坏选举一案由检察机关立案侦查。11月10日，尹某被提起公诉。同年12月6日，人民法院依法作出判决：尹某犯破坏选举罪，判处有期徒刑六个月，缓刑一年。

【案件评析】

本案中，尹某在人民代表大会换届选举时，为了当选，采用贿赂、拉拢的手段获取选票。其行为严重妨碍了选民和代表自由行使选举权和被选举权，情节严重，故构成破坏选举罪。

国家机关工作人员利用职权破坏选举，涉嫌下列情形之一的，应予立案：

1. 以暴力、威胁、欺骗、贿赂等手段，妨害选民、各级人民代表大会代表自由行使选举权和被选举权，致使选举无法正常进行，或者选举无效，或者选举结果不真实的；

2. 以暴力破坏选举场所或者选举设备，致使选举无法正常进行的；

3. 伪造选民证、选票等选举文件，虚报选举票数，产生不真实的选举结果或者强行宣布合法选举无效、非法选举有效的；

4. 聚众冲击选举场所或者故意扰乱选举场所秩序，使选举工作无法进行的；

5. 其他情节严重的情形。

☆“重婚罪”解读

一、立法背景

我国婚姻法明确规定实行婚姻自由、一夫一妻、男女平等的婚姻制度。重婚是对一夫一妻制度的严重破坏，违反了法律规定，也违反了伦理道德要求。因此，我国刑法规定了重婚罪。

二、条文解读

（一）概念

重婚罪是指有配偶而重婚，或者明知他人有配偶而与之结婚的行为。

（二）构成

1．主体要件

本罪的主体为一般主体，一是有配偶的人，在夫妻关系存续期间又与他人成立婚姻关系；二是没有配偶的人，明知对方有配偶而与之结婚。

2．客观要件

本罪在客观方面表现为行为人必须具有重婚的行为。即有配偶的人又与他人结婚的，或者明知他人有配偶而与之结婚的，就构成重婚罪。

3．主观要件

本罪在主观方面表现为直接故意，即明知他人有配偶而与之结婚或自己有配偶而故意与他人结婚。

4．客体要件

本罪侵犯的客体是一夫一妻制的婚姻关系。

（三）处罚

有配偶而重婚的，或者明知他人有配偶而与之结婚的，处二年以下有期徒刑或者拘役。

三、典型案例

王某（男）和江某（女）均是广东某村的村民，二人自由恋爱，1989 年 5 月，双方到婚姻登记机关进行了结婚登记。婚后，王某经营了一家陶瓷公司，而江某在一贸易公司上班。1997 年 1 月，王某因生意关系经常出差湖南，结识了年龄只有二十三周岁的丽，二人迅速同居在一起。王某在丽的家乡买了一套房子，此后，王某经常借“出差”之机与丽同居在一起。一年多之后，不知道王某已结婚的丽多次督促王某办理登记结婚，王某为了稳住丽，瞒着妻子在广东通过关系出具了未婚证明，1999 年 1 月在丽的家乡湖南办理了结婚登记。从此，王某过上了从广东到湖南“一夫二妻”的生活。天下没有不透风的墙，王某的重婚行为终于被江某发现，2003 年 2 月，江某作为申请人向法院提起诉讼，申请宣告王某与丽的婚姻关系无效。法院经审理后认为，王某与丽之结婚属重婚行为，故根据婚姻法第十条规定判决宣告王某与丽的婚姻无效。同时，虽然江某没有要求追究王某的重婚责任，但法院审查后认为应当追究王某之刑事责任，于是将有关证据移交公安机关处理，后经检察院提起公诉，法院作出判决，判决王某构成重婚罪，判处有期徒刑一年。

【案件评析】

一夫一妻是我国婚姻制度的基本原则。重婚不仅侵犯了公民个人的合法权益，破坏了公民之间的合法婚姻关系，给合法婚姻关系的一方及其子女造成伤害，而且侵犯了我国婚姻法所保护的一夫一妻的婚姻制度。重婚给夫妻、给家庭、给社会造成了一定的损害，具有一定的社会危害性。

第六节 侵犯财产罪概述

一、侵犯财产罪的概念

侵犯财产罪是指以非法占有为目的，攫取公私财物，以及挪用、毁坏公私财物或者破坏生产经营的行为。

二、侵犯财产罪的特征

（一）本类犯罪侵犯的客体主要是公私财产所有权

财产所有权是指所有人依法对自己的财产享有占有、使用、收益、处分的权利，包括占有、使用、收益和处分四项权能。最核心的是处分权，即按照所有人自己的意志对财产进行自由处分的权利。一般来说，对任何一种权能的侵犯，都是对所有权不同程度的侵犯，而对处分权的侵犯，则是对所有权整体的最严重的侵犯，也是绝大部分侵犯财产罪的最本质的特征。侵犯财产罪的对象是公私财物所有权的物质表现，即公共财物和公民私人所有的财产。

（二）本类犯罪在客观方面，表现为将他人的财产非法据为己有，或者损坏他人财产，破坏生产经营的行为

根据刑法规定，侵犯财产的行为，概括起来，主要有以下客观表现：

其一，采用各种非法方法和手段，将他人控制下的财物，转移到行为人的控制之下，并据为己有，如抢劫、抢夺、盗窃、诈骗等犯罪。

其二，将业已合法持有的他人财物，应当退还而拒不退还，非法据为己有，如侵占罪。

其三，擅自动用自己经手、管理的财物，如挪用资金罪、挪用特定款物罪。

其四，毁坏公私财物，使财物的价值全部或部分丧失，如故意毁坏财物罪、破坏生产经营罪。

大多数侵犯财产罪只能以作为的方式实施，而不可能以不作为的方式实施。但是，侵占罪表现为不作为，即应当退还或交出而拒不退还或交出。

（三）本类犯罪的主体多为一般主体，即年满十六周岁、具有刑事责任能力的自然人

刑法规定，已满十四周岁不满十六周岁的人犯抢劫罪的，应当负刑事责任。少数几种犯罪，如职务侵占罪、挪用资金罪、挪用特定款物罪的主体为特殊主体。

（四）本类犯罪在主观方面出自故意

犯罪目的具体表现为三种情况：

第一种（占多数）是以非法占有为目的，即以将公私财物非法转为己有或者第三者不法所有为目的，包括抢劫罪、盗窃罪、诈骗罪等；

第二种是以非法暂时使用为目的，并非意图转归己有，如挪用资金罪、挪用特定款物罪；

第三种是以毁坏财物为目的，即行为人不想占有该财物，而是要毁灭该财物，或者损害其价值，如故意毁坏财物罪、破坏生产经营罪。

三、侵犯财产罪的种类

刑法分则第五章共规定了十二种具体的侵犯财产罪。按照犯罪目

的的不同，可以分为三种类型：

（一）以非法占有为目的的侵犯财产罪。包括抢劫罪、盗窃罪、诈骗罪、抢夺罪、聚众哄抢罪、侵占罪、职务侵占罪、敲诈勒索罪。

（二）以挪用为目的的犯罪，包括挪用资金罪、挪用特定款物罪。

（三）以破坏为目的的犯罪，包括故意毁坏财物罪、破坏生产经营罪。

☆“职务侵占罪”解读

一、立法背景

1979 年刑法只规定了贪污罪，未规定职务侵占罪。1993 年我国颁布实施公司法，在公司法执行过程中，有的公司董事、监事或者职工利用职务或者工作上的便利，侵占本公司财物，侵犯了公司的财产权利和公司股东的合法权益，破坏了社会主义市场经济的健康发展。1995 年全国人大常委会通过了《关于惩治违反公司法的犯罪的决定》，对公司董事、监事或者职工侵占公司财物的行为规定了侵占罪。1997 年修订刑法规定了职务侵占罪。

二、条文解读

（一）概念

职务侵占罪是指公司、企业或者其他单位的人员，利用职务上的便利，将本单位财物非法占为己有，数额较大的行为。

（二）构成

1．主体要件

本罪的主体是公司、企业或者其他单位的人员。一是股份有限公司、有限责任公司的董事、监事；二是上述公司的人员，是指除公司董事、监事之外的经理、部门负责人和其他一般职员和工人；三是上述公司以外企业或者其他单位的人员，是指集体性质企业、私营企业、外商独资企业的职工，国有企业、公司、中外合资、中外合作企业等中不具有国家工作人员身份的所有职工。

2．客观要件

本罪的客观要件表现为行为人利用职务上的便利，侵吞本单位的财物，并且数额较大的行为。

利用职务上的便利，是指利用职权及与职务有关的便利条件，包括：(1) 利用自己主管、分管、经手、决定或处理以及经办一定事项等的权力；(2) 依靠、凭借自己的权力去指挥、影响下属或利用其他人员的与职务、岗位有关的权限；(3) 依靠、凭借权限、地位控制、左右其他人员，或者利用对己有所求人员的权限等。

非法占有是指采用侵吞、窃取、骗取等各种手段将本单位财物化为私有。

3．主观要件

本罪在主观方面是直接故意，且具有非法占有公司、企业或其他单位财物的目的。

4．客体要件

本罪侵犯的客体是公司、企业或者其他单位的财产所有权。

（三）处罚

公司、企业或者其他单位的人员，利用职务上的便利，将本单位财物非法占为己有，数额较大的，处五年以下有期徒刑或者拘役；数额巨大的，处五年以上有期徒刑，可以并处没收财产。

三、典型案例

2005 年 4 月 5 日，浙江省温岭市某珠宝店老板方某将重 1331.52 克的五块黄金（共价值人民币 150462 元）用两层包装箱包装好后，交由顺丰速运有限公司快递至深圳市沙头角粤豪珠宝公司，该邮件编号为 576002756352，货物连包装共计重 2 千克。该批货物到达深圳机场后，由顺丰速运公司张某开车运至罗湖营业点，在该营业点将货物转至由陈某某驾驶的粤 BY9916 货车上，然后由被告人陈某某驾车将货物交由深圳市顺丰速运有限公司盐田分部，盐田分部业务员曹某某接收该邮件时发现重量只有 0.6 千克，当即将该情况上报公司。经公司总部检查，发现邮件外包装上的一条线本来应该是一条直线，但案发时却已经不整齐了，因此认为肯定有人动过该邮件，顺丰速运公司根据以往邮件丢失的情况分析，即怀疑是陈某某所为，后经公安机关打开邮件后查验，在该邮件的内包装箱的包装黄金的白纸片上查获指纹一枚，经比对，与犯罪嫌疑人陈某某的右手拇指指纹一致。陈某某于 2005 年 6 月 8 日离职，后于 2005 年 11 月 18 日被警方抓获归案。另查明，陈某某在顺丰速运有限公司的薪水为 2700 元 / 月，但案发后陈某某的民生银行账号有数笔总计为 12 万元左右的来历不明的款项，陈某某亦无法说清该笔款项的来由。

福田区人民法院经审理后判决：被告人陈某某无视国家法律，利用职务上的便利，将本单位运输的财物非法占为己有，数额较大，其行为已构成职务侵占罪，并以该罪判处被告人陈某某有期徒刑四年。

【案件评析】

本案中，被告人陈某某作为顺丰速运有限公司的司机，是承运行为的具体实施者，其因担任运输任务而合法持有托运货物，享有受单位委派承担运输任务所形成的职务便利。涉案货物在托运期间均在顺丰速运公司的运输、保管之中，应以顺丰速运公司的财产论。故被告人陈某某的非法占有行为所侵犯的直接对象系本单位财物。因此，被告人陈某某在代表顺丰速运公司实际承运外单位货物过程中，利用职务之便，将“合法持有”的托运货物非法占为己有的行为，已触犯了《中华人民共和国刑法》第二百七十一条的规定，依法应以职务侵占罪论处。

☆“挪用资金罪”解读

一、立法背景

1995年全国人大常委会通过了《关于惩治违反公司法的犯罪的决定》，对非国家工作人员的公司董事、监事或者职工利用职务之便挪用资金的犯罪作了规定。1997年刑法修订时，对非国家工作人员的公司、企业或者其他单位的工作人员挪用本单位资金的犯罪作了规定。

二、条文解读

（一）概念

挪用资金罪是指公司、企业或者其他单位的工作人员，利用职务上的便利，挪用本单位资金归个人使用或者借贷给他人，数额较大、超过三个月未还，或者虽未超过三个月，但数额较大、进行营利活动的，或者进行非法活动的行为。

（二）构成

1．主体要件

本罪的主体是国家、企业或者其他单位的工作人员。

2．客观要件

本罪在客观方面表现为行为人利用职务上的便利，挪用本单位资金归个人使用或者借贷给他人，数额较大、超过三个月未还的，或者虽未超过三个月，但数额较大、进行营利活动的，或者进行非法活动的行为。具体地说，它包含以下三种行为：（1）挪用本单位资金归个人使用或者借贷给他人，数额较大、超过三个月未还的；（2）挪用本单位资金归个人使用或者借贷给他人，数额较大、进行营利活动的；（3）挪用本单位资金归个人使用或者借贷给他人，进行非法活动的。

3．主观要件

本罪的行为人主观上出于故意，即行为人明知自己在挪用或借贷本单位资金，并且利用了职务上的便利。

4．客体要件

本罪侵犯的客体是公司、企业或者其他单位资金的使用收益权。

（三）处罚

公司、企业或者其他单位的工作人员，利用职务上的便利，挪用本单位资金归个人使用或者借贷给他人，数额较大、超过三个月未还的，或者虽未超过三个月，但数额较大、进行营利活动的，或者进行非法活动的，处三年以下有期徒刑或者拘役；挪用本单位资金数额巨大的，或者数额较大不退还的，处三年以上十年以下有期徒刑。

三、典型案例

被告人李某利用其担任联昌药业有限公司销售总监的职务便利，于 2008 年 3 月 7 日将客户徐宜仿预付货款 27000 元汇入其个人银行账户，用于个人使用。同年 3 月 12 日，被告人李某又擅自将客户赵书萍预付货款 40000 元中的 30000 元汇入其个人账户，用于个人使用。2009 年 1 月 14 日，被告人李某在郑州市租房暂住处被公安机关抓获。

2008 年 12 月 12 日，被告人李某将挪用的 20000 元货款交还联昌药业有限公司。2009 年 1 月 22 日，李某家属将余款 37000 元退出，公安机关已发还被害单位。

开封市某区人民检察院指控被告人李某犯挪用资金罪并向区人民法院提起公诉。开封市金明区人民法院于 2009 年 3 月 11 日公开开庭审理了本案，认为被告人李某犯挪用资金罪，判处有期徒刑六个月。

【案件评析】

在本案中，被告人李某为开封连昌药业有限公司的销售总监，符合主体要件规定，其利用职务的便利，将本单位的客户货款挪用归自己使用，但未利用该笔款项进行营利活动，因而有三个月归还的期限限制，挪用资金的日期分别为2008年3月7日和12日，且资金数额分别超过了法律规定的“较大”的“一万元至三万元以上”的限额，因而其行为属于挪用本单位资金归自己使用，数额较大且超过三个月未予归还的情况，因此被告人李某的行为构成挪用资金罪。

☆“挪用特定款物罪”解读

一、立法背景

救灾、抢险、防汛、优抚、扶贫、移民、救济款物，是国家用于抢险救灾或者解决特殊贫困地区生活困难群众的社会救助物资。为了保障社会救助物资的安全，我国刑法规定了挪用特定款物罪。

二、条文解读

（一）概念

挪用特定款物罪是指挪用用于救灾、抢险、防汛、优抚、扶贫、移民、救济款物，情节严重，致使国家和人民群众利益遭受重大损害的行为。

（二）构成

1．主体要件

本罪的主体是特殊主体，即对挪用行为负有责任的主管人员、直接实施挪用行为的人员。

2．客观要件

本罪在客观方面表现为行为人挪用国家用于救灾、抢险、防汛、优抚、扶贫、移民、救济款物，情节严重，致使国家和人民群众利益遭受重大损害的行为。

3．主观要件

行为人主观上是出于故意，过失不构成本罪。挪用款物的目的是用于单位的其他项目，如果挪用特定款物用于个人使用，构成犯罪的，应当依照挪用公款罪来处罚。

4．客体要件

本罪侵犯的客体是国家关于特定款物专门使用的财经管理制度。

（三）处罚

挪用用于救灾、抢险、防汛、优抚、扶贫、移民、救济款物，情节严重，致使国家和人民群众利益遭受重大损害的，对直接责任人员，处三年以下有期徒刑或者拘役；情节特别严重的，处三年以上七年以下有期徒刑。

三、典型案例

2008年某乡进行移民建镇工程，根据乡里规定，某村由被告人高某、喻某、高某某具体负责该村的移民建镇工作，在2008年至2010年期间，三被告人利用领取发放移民资金的机会，将领取的资金不及时发放给农民，由被告人高某、喻某拍板决定，被告人高某某经手将其中的250372.74元，用于该村集体开支及上交乡财贸任务。由于该村的移民资金被挪用，致使群众意见很大并引起群体上访，造成不良影响。公诉机关认为三被告人负责本村移民建镇工作期间，将该专项资金用于其他开支，情节严重，其行为均已触犯刑律，构成挪用特定款物罪，依法提起公诉。法院经审理后认为被告人高某犯挪用特定款物罪，判处有期徒刑一年六个月；被告人喻某犯挪用特定款物罪，判处有期徒刑一年六个月；被告人高某某犯挪用特定款物罪，判处有期徒刑一年。

【案件评析】

本案中，被告人高某、喻某、高某某在本村移民建镇工作期间，违反国家专款专用管理制度，将二十五万余元移民建镇资金用于村集体的其他开支，情节严重，且给国家和人民群众利益造成了重大损失，其行为均已触犯刑律，构成挪用特定款物罪。

☆“拒不支付劳动报酬罪”解读

一、立法背景

近年来，一些用人单位拖欠劳动者工资的现象比较突出，严重侵犯了劳动者的合法权益，影响了劳动者的正常生活，容易引发社会矛盾。因此，刑法修正案（八）规定了拒不支付劳动报酬罪。

二、条文解读

（一）概念

拒不支付劳动报酬罪是指以转移财产、逃匿等方法逃避支付劳动者的劳动报酬或者有能力支付而不支付劳动者的劳动报酬，数额较大，经政府有关部门责令支付仍不支付的行为。

（二）构成

1．主体要件

本罪的主体是一般主体，即年满十六周岁以上，具备刑事责任能力的自然人。

2．客观要件

本罪在客观方面表现为行为人实施了以转移财产或逃匿等手段，逃避支付劳动者的劳动报酬或者虽没有转移财产和逃匿等行为，但有能力支付而故意不支付劳动者的劳动报酬的行为，数额较大并且经政府有关部门责令支付仍不支付的。

3．主观要件

行为人主观上出于故意，即有逃避支付或者不支付劳动者的劳动报酬的故意。

4．客体要件

本罪侵犯的客体是双重客体，既侵犯了劳动者的财产权，又扰乱了市场经济秩序。

（三）处罚

以转移财产、逃匿等方法逃避支付劳动者的劳动报酬或者有能力支付而不支付劳动者的劳动报酬，数额较大，经政府有关部门责令支付仍不支付的，处三年以下有期徒刑或者拘役，并处或者单处罚金；造成严重后果的，处三年以上七年以下有期徒刑，并处罚金。

单位犯前款罪的，对单位判处罚金，并对其直接负责的主管人员和其他直接责任人员，依照前款的规定处罚。

有前两款行为，尚未造成严重后果，在提起公诉前支付劳动者的劳动报酬，并依法承担相应赔偿责任的，可以减轻或者免除处罚。

三、典型案例

2009年，任某承包某工程建设项目，王某等四十多名工人为其务工。工程结束后，任某支取了十六万余元的工程进度款，但拒不支付王某等人十五万元的工资。当地劳动和社会保障局多次责令其支付工人工资，但任某仍不支付并携款潜逃。后警方将其抓获，任某对其拒不支付他人劳动报酬的犯罪事实供认不讳。目前，任某已被刑事拘留。

【案件评析】

拒不支付劳动者报酬严重影响危害人民群众利益。本案中，任某有能力支付工人工资却拒不支付，在经政府有关部门多次责令支付的情况下仍然拒不支付，并逃离当地以逃避支付工人工资的行为符合拒不支付劳动报酬罪的构成要件，其行为已经构成了拒不支付劳动报酬罪。

第七节　妨害社会管理秩序罪概述

一、妨害社会管理秩序罪的概念

所谓妨害社会管理秩序罪，是指妨害国家机关对社会的管理活动，破坏社会秩序，情节严重的行为。妨害社会管理秩序罪规定在刑法分则第六章，共9节91个条文，121个罪名。良好的社会秩序既是国家机关对社会生活进行管理的目标，也是使国家各种管理活动得以顺利进行的保证，同时也是国家赖以存在和发展的基础和条件，因此我国历来注重用刑法同妨害社会管理秩序的犯罪行为作斗争。

二、妨害社会管理秩序罪的构成特征

（一）本类犯罪侵犯的客体是社会管理秩序，即国家机关依法对社会进行管理而形成的正常的社会秩序

社会管理秩序是一个含义非常广泛的概念。它包括社会秩序、生产秩序、工作秩序、教学科研秩序和人民群众的生活秩序。从本质上讲，一切犯罪都是对社会管理秩序的侵害。但是，由于刑法对侵害或者破坏国家安全、社会公共安全、市场经济、人身权利、家庭婚姻、公私财产、国防与军事利益以及国家机关正常活动等社会秩序的行为列入了刑法分则的其他章节，故本章所规定的犯罪所侵犯的同类客体是国家对社会的日常管理活动和秩序，换言之，是刑法分则其他各章规定之罪所侵犯的同类客体以外的国家对社会的日常管理活动与秩序。

（二）本类犯罪在客观方面，表现为妨害国家机关对社会的管理活动、破坏社会秩序，情节严重的行为

由于国家对社会的管理活动多种多样，社会管理秩序的范围广泛，因此，妨害社会管理秩序的犯罪行为的具体内容与表现形式也是多种多样。这些行为可以分为以下九类：1．扰乱公共秩序；2．妨害司法；3．妨害国（边）境管理；4．妨害文物管理；5．危害公共卫生；6．破坏环境资源保护；7．走私、贩卖、运输、制造毒品；8．组织、强迫、引诱、容留、介绍卖淫；9．制作、贩卖、传播淫秽物品。其中，绝大多数行为表现为作为，少数行为表现为不作为。本章犯罪多为法定犯，

即行为没有违反社会伦理，但出于行政取缔的目的而根据法律被认为是犯罪，犯罪的构成以违反国家机关对各种社会关系进行管理所依据的法律、法规为前提。这里的法律、法规，主要是指具有较强的行业或部门针对性的社会管理性规范文件，包括由国家立法机关制定的法律，由国务院颁布的行政法规以及经国务院批准的各国家行政主管部门制定的实施办法、细则等，如《中华人民共和国公民出入境管理法》、《中华人民共和国环境保护法》、《麻醉药品管理办法》、《精神药品管理办法》等。一般而言，违反国家对社会生活的管理法规就必然会妨害国家机关对社会生活的管理活动，但并非所有违法的行为都构成犯罪，而只有那些妨害国家机关对社会生活的管理活动情节严重或者造成严重危害后果的，才构成犯罪。

（三）本类犯罪中的多数犯罪的主体是自然人

虽然本类犯罪多数犯罪主体是自然人，但单位也可以成为部分犯罪的主体，例如破坏环境资源保护罪中的所有犯罪，制作、贩卖、传播淫秽物品罪中的全部犯罪，以及其他某些节中的部分犯罪；还有个别犯罪的主体仅限于单位，例如非法出售、私赠文物藏品罪。就自然人犯罪主体而言，多数是一般主体，但也有少数是特殊主体，例如脱逃罪的主体只能是依法被关押的罪犯、被告人和犯罪嫌疑人，医疗事故罪的主体只能是医务人员。在单位犯罪中，多数犯罪为一般主体，但个别犯罪则为特殊主体，例如非法出售、私赠文物藏品罪的主体只能是国有博物馆、图书馆等特定单位。

（四）本类犯罪在主观方面，除少数犯罪以外多数犯罪具有故意

即行为人明知自己的行为会发生妨害国家对社会的管理活动和社

会管理秩序的危害结果，而希望或放任这种结果的发生。在故意犯罪中，有少数犯罪还要求行为人出于特定的犯罪目的，例如赌博罪，要求行为人以营利为目的，制作、复制、出版、贩卖、传播淫秽物品罪，也要求行为人以营利为目的。

三、妨害社会管理秩序罪的种类

根据刑法分则第六章的规定，妨害社会管理秩序罪共分为以下九类：

（一）扰乱公共秩序罪

扰乱公共秩序罪包括妨害公务罪，煽动暴力抗拒法律实施罪，招摇撞骗罪，伪造、变造、买卖国家机关公文、证件、印章罪，盗窃、抢夺、毁灭国家机关公文、证件、印章罪，伪造公司、企业、事业单位、人民团体印章罪，伪造、变造居民身份证罪，非法生产、买卖警用装备罪，非法获取国家秘密罪，非法持有国家绝密、机密文件、资料、物品罪，非法生产、销售间谍专用器材罪，非法使用窃听、窃照专用器材罪，非法侵入计算机信息系统罪，破坏计算机信息系统罪，扰乱无线电通讯管理秩序罪，聚众扰乱社会秩序罪，聚众冲击国家机关罪，聚众扰乱公共场所秩序、交通秩序罪，投放虚假危险物质罪，编造、故意传播虚假恐怖信息罪，聚众斗殴罪，寻衅滋事罪，组织、领导、参加黑社会性质组织罪，入境发展黑社会组织罪，包庇、纵容黑社会性质组织罪，传授犯罪方法罪，非法集会、游行、示威罪，非法携带武器、管制刀具、爆炸物参加集会、游行、示威罪，破坏集会、游行、示威罪，侮辱国旗、国徽罪，组织、利用会道门、邪教组织、利用迷信破坏法律实施罪，组织、利用会道门、邪教组织、利用迷信致人死亡罪，聚众淫乱罪，引诱未成年人聚众淫乱罪，盗窃、侮辱尸体罪，赌博罪，开设赌场罪，故意延误投递邮件罪。

（二）妨害司法罪

妨害司法罪包括伪证罪，辩护人、诉讼代理人毁灭证据、伪造证据、妨害作证罪，妨害作证罪，帮助毁灭、伪造证据罪，打击报复证人罪，扰乱法庭秩序罪，窝藏、包庇罪，拒绝提供间谍犯罪证据罪，窝藏、转移、收购、销售赃物罪，拒不执行判决、裁定罪，非法处置查封、扣押、冻结的财产罪，破坏监管秩序罪，脱逃罪，劫夺被押解人员罪，组织越狱罪，暴动越狱罪，聚众持械劫狱罪。

（三）妨害国（边）境管理罪

妨害国（边）境管理罪包括组织他人偷越国（边）境罪，骗取出境证件罪，提供伪造、变造的出入境证件罪，出售出入境证件罪，运送他人偷越国（边）境罪，偷越国（边）境罪，破坏界碑、界桩罪，破坏永久性测量标志罪。

（四）妨害文物管理罪

妨害文物管理罪包括故意毁损文物罪，故意毁损名胜古迹罪，过失毁损文物罪，非法向外国人出售、赠送珍贵文物罪，倒卖文物罪，非法出售、私赠文物藏品罪，盗掘古文化遗址、古墓葬罪，盗掘古人类化石、古脊椎动物化石罪，抢夺、窃取国有档案罪，擅自出卖、转让国有档案罪。

（五）危害公共卫生罪

危害公共卫生罪包括妨害传染病防治罪，传染病菌种、毒种扩散罪，妨害国境卫生检疫罪，非法组织卖血罪，强迫卖血罪，非法采集、供应血液、制作、供应血液制品罪，采集、供应血液、制作、供应血液制品事故罪，医疗事故罪，非法行医罪，非法进行节育手术罪，妨害动植物防疫、检疫罪。

（六）破坏环境资源保护罪

破坏环境资源保护罪包括污染环境罪，非法处置进口的固体废物罪，擅自进口固体废物罪，非法捕捞水产品罪，非法捕猎、杀害珍贵、濒危野生动物罪，非法收购、运输、出售珍贵、濒危野生动物、珍贵、濒危野生动物制品罪，非法狩猎罪，非法占用农用地罪，非法采矿罪，破坏性采矿罪，非法采伐、毁坏国家重点保护植物罪，非法收购、运输、加工、出售国家重点保护植物、国家重点保护植物制品罪，盗伐林木罪，滥伐林木罪，非法收购、运输盗伐、滥伐的林木罪。

（七）走私、贩卖、运输、制造毒品罪

走私、贩卖、运输、制造毒品罪包括走私、贩卖、运输、制造毒品罪，非法持有毒品罪，包庇毒品犯罪分子罪，窝藏、转移、隐瞒毒品、毒赃罪，走私制毒物品罪，非法买卖制毒物品罪，非法种植毒品原植物罪，非法买卖、运输、携带、持有毒品原植物种子、幼苗罪，引诱、教唆欺骗他人吸毒罪，强迫他人吸毒罪，容留他人吸毒罪，非法提供麻醉药品、精神药品罪。

（八）组织、强迫、引诱、容留、介绍卖淫罪

组织、强迫、引诱、容留、介绍卖淫罪包括组织卖淫罪，强迫卖淫罪，协助组织卖淫罪，引诱、容留、介绍卖淫罪，引诱幼女卖淫罪，传播性病罪，嫖宿幼女罪。

（九）制作、贩卖、传播淫秽物品罪

制作、贩卖、传播淫秽物品罪包括制作、复制、出版、贩卖、传播淫秽物品牟利罪，为他人提供书号出版淫秽书刊罪，传播淫秽物品罪，组织播放淫秽音像制品罪，组织淫秽表演罪。

☆“非法持有国家绝密、机密文件、资料、物品罪”解读

一、立法背景

国家秘密直接关系到国家的安全和利益，非法持有属于国家绝密、机密的文件、资料或者其他物品，拒不说明来源和用途，又难以查证其行为构成非法获取国家秘密罪等犯罪，此种行为的社会危害性也非常大。因此，1997 年刑法修订时规定了非法持有国家绝密、机密文件、资料、物品罪。

二、条文解读

（一）概念

非法持有国家绝密、机密文件、资料、物品罪是指非法持有属于国家绝密、机密的文件、资料或者其他物品，拒不说明来源与用途的行为。

（二）构成

1．主体要件

本罪的主体是年满十六周岁，具有刑事责任能力的自然人，包括中国公民、外国人、无国籍人。

2．客观要件

本罪在客观方面表现为行为人非法持有属于国家绝密、机密的文件资料或者其他物品，拒不说明来源与用途。国家秘密的密级分为“绝密”、“机密”、“秘密”三级。此处不包括秘密级的文件资料或者物品等。拒不说明来源和用途是指有关机关责令行为人说明其非法持有的属于国家绝密、机密的文件、资料和其他物品的来源和用途时，行为人拒不回答或者作虚假回答。

3．主观要件

本罪行为人主观方面表现为直接故意。

4．客体要件

本罪侵犯的客体是国家的保守秘密制度。本罪的犯罪对象仅限于属于国家绝密级和机密级的文件、资料和物品。

（三）处罚

非法持有属于国家绝密、机密的文件、资料或者其他物品，拒不说明来源与用途的，处三年以下有期徒刑、拘役或者管制。

三、典型案例

一日，张某外出时手提包被黄某抢走。张某随即向当地公安机关报案，但在陈述包内物品时，隐瞒了包内移动硬盘中存储有涉密内容的重大事实。之后，张某一再错失机会，未向所在单位如实报告这一突发事件，更未采取有效补救措施。2006 年 5 月，公安机关抓获黄某，并起获上述移动硬盘，张某到公安机关核实情况时，谎称硬盘中存储的是商业资料。此时，硬盘中的涉密文件、资料已失控达三个月之久。后张某被检察机关依法提起公诉。2008 年，法院经审理后认为张某构成非法持有国家绝密、机密文件、资料、物品罪，判处有期徒刑六个月。

【案件评析】

本案中，被告人张某作为一般涉密人员，无权也不应持有属于机密级国家秘密的文件。材料，经查证，张某个人使用的移动硬盘中存储的机密级文件材料并非张某所在单位及其下属部门所产生的，张某也无法说明该机密文件材料的来源及用途。因此，被告人张某非法持有机密级文件材料的行为完全符合刑法中关于非法持有国家机密文件罪的构成要件。

☆“包庇、纵容黑社会性质组织罪”解读

一、立法背景

近年来，黑社会组织为实施违法犯罪活动，经常利用国家机关工作人员的包庇或者纵容，称霸一方。为此，刑法修正案（八）规定了包庇、纵容黑社会性质组织罪，体现了对包庇、纵容黑社会性质组织的“保护伞”从重打击的精神。

二、条文解读

（一）概念

包庇、纵容黑社会性质组织罪是指国家机关工作人员包庇黑社会性质的组织，或者纵容黑社会性质的组织进行违法犯罪活动的行为。

（二）构成

1．主体要件

本罪的主体是国家机关工作人员，包括国家各级党政机关、权力机关、司法机关和军事机关中执行一定职权的工作人员。

2．客观要件

本罪的客观要件表现为国家机关工作人员包庇黑社会性质的组织，或者纵容黑社会性质的组织进行违法犯罪活动。

包庇是指国家机关工作人员为使黑社会性质组织及其成员逃避查禁而通风报信，隐匿、毁灭、伪造证据，阻止他人作证、检举、揭发，指使他人作伪证，帮助逃匿，或者阻挠其他国家机关工作人员查禁等行为。

纵容是指国家机关工作人员不依法履行职责，放纵黑社会性质组织进行违法犯罪活动的行为。

3．主观要件

本罪在主观方面必须出于故意，即明知是黑社会性质的组织而包庇，是黑社会性质的组织进行的违法犯罪活动而纵容。过失不能构成本罪。

4．客体要件

本罪侵犯的客体既包括正常的社会秩序，也包括国家机关的正常管理活动。

（三）处罚

国家机关工作人员包庇黑社会性质的组织，或者纵容黑社会性质的组织进行违法犯罪活动的，处五年以下有期徒刑；情节严重的，处五年以上有期徒刑。

三、典型案例

何某原系某县委常委、政法委书记、公安局局长；白某原系某县公安局复兴派出所所长、禁毒大队教导员。2002 年以来，浙江包工头赵刚强借承建望谟县公安局看守所、宿舍楼之机，经常宴请被告人何某、白某等人，先后贿赂何某人民币三万元，以此进行拉拢和腐蚀，并随意驾驶公安局警车外出。何某、白某二人利用职权，徇私徇情，违法处理公务，为甘安义、甘安益组织领导的黑社会性质组织及其骨干余勇、黄福洋、黄仕祥、简海应、王道坤等人的违法犯罪行为提供保护，实施包庇、纵容；该犯罪组织利用赵刚强与何某、白某等国家机关工作人员具有的特别关系，导致该犯罪组织或组织成员的多次违法犯罪事实未得以及时侦破和打击，在某县城区域内称霸一方，为非作歹，欺压、残害群众。在 2004 年至 2005 年间，该组织实施寻衅滋事、聚众斗殴、故意伤害和开设赌场等违法犯罪活动七十余起，严重危害了当地社会治安，破坏社会正常生活秩序，在社会上造成极为恶劣的影响。

人民法院经过审理后认为，某县公安局原局长何某、原复兴派出所所长白某犯包庇、纵容黑社会性质组织罪，一审判决何某犯包庇、纵容黑社会性质组织罪，判处有期徒刑四年，犯受贿罪，判处有期徒刑二年，数罪并罚，决定执行有期徒刑五年；被告人白某犯包庇、纵容黑社会性质组织罪，判处有期徒刑三年。

【案件评析】

本案中，被告人何某在担任某县公安局局长期间，非法收受包工头赵刚强送给的人民币三万元，为赵刚强谋取利益，其行为已构成受贿罪；利用手中的权力为甘安益、甘安义等组织、领导的，赵刚强积极参加的黑社会性质组织的违法犯罪行为提供保护；2006 年 3 月在打黑除恶专案组对该县涉黑案开展调查时，指使某县公安局民警伪造处罚材料以掩盖 2004 年 3 月该黑社会性质组织实施的赌博违法犯罪行为，其行为已构成包庇、纵容黑社会性质组织罪，且属情节严重。被告人白某在担任某县公安局复兴派出所所长期间，不依法履行职责，对黑社会性质组织的违法犯罪活动不依法查处，放纵黑社会性质组织进行违法犯罪活动，其行为已构成纵容黑社会性质组织罪。二被告人均应予以依法惩处。

☆“非法集会、游行、示威罪”解读

一、立法背景

集会、游行、示威是我国宪法规定的公民基本权利之一。但是，宪法同时规定，公民在行使自由和权利的时候，不得损害国家、社会、集体以及其他公民的合法利益。如果人民群众不依照集会游行示威法的规定，非法进行集会、游行、示威，容易扰乱社会秩序，破坏社会稳定。因此，1997 年刑法修订时，专门规定了此罪。

二、条文解读

（一）概念

非法集会、游行、示威罪是指举行集会、游行、示威，未依照法律规定申请或者申请未获许可，或者未按照主管机关许可的起止时间、地点、路线进行，又拒不服从解散命令，严重破坏社会秩序的行为。

（二）构成

1．主体要件

本罪的主体为特殊主体。只有举行集会、游行、示威的负责人和直接责任人员才能成为本罪的主体。

2．客观要件

本罪在客观方面表现为行为人举行集会、游行、示威，未依照法律规定申请或者申请未获许可，或者未按照主管机关许可的起止时间、地点、路线进行，又拒不服从解散命令，严重破坏社会秩序的行为。具体来说，有三种表现方式：一是未依照法律规定申请；二是申请未获许可；三是未按照主管机关许可的起止时间、地点、路线进行，又拒不服从解散命令、严重破坏社会秩序的行为。

3．主观要件

本罪的主观要件是出于故意，即明知自己的违法行为会造成严重破坏社会秩序的结果，希望或者放任这种危害结果发生的心理态度。

4．客体要件

本罪侵犯的客体是国家对集会、游行、示威活动的管理制度。

（三）处罚

举行集会、游行、示威，未依照法律规定申请或者申请未获许可，或者未按照主管机关许可的起止时间、地点、路线进行，又拒不服从解散命令，严重破坏社会秩序的，对集会、游行、示威的负责人和直接责任人员，处五年以下有期徒刑、拘役、管制或者剥夺政治权利。

三、典型案例

以石某为代表共四人，向市政府主管部门提出申请，要率众上街游行示威。经劝说无效，他们的申请被批准，但对游行示威的时间、地点和路线作出规定，让他们遵守。随后，石某等人便率领 170 多人，打着横幅，以“要工作、要吃饭、要生存”为内容，上街游行。可是，他们离开了规定的路线，涌到市人民政府广场，经劝说疏导，他们还不听从。这时，一支外宾车队在本市游览观光时，路经市人民政府广场，车队受阻达 1 小时 20 分钟。由于石某等人游行示威没在规定的地点和路线上进行，影响了交通秩序，又影响了外宾的正常活动，石某和其他三名积极参加者，被认定犯了非法集会、游行、示威罪，受到了法律制裁。

【案件评析】

本案中，石某等人游行示威未在规定的地点和路线上进行，又拒不服从解散命令，严重破坏了社会秩序。由于石某等人是游行示威的责任人，因此，法院对他们判处非法集会、游行、示威罪的做法是正确的。

☆“拒不执行判决、裁定罪”解读

一、立法背景

人民法院依法作出的判决、裁定具有国家法律的权威性和强制力，有关单位和个人应当严格执行。拒不执行法院生效的判决、裁定损害了国家司法权的威信，妨害了司法机关的正常工作秩序，也损害了当事人的合法权益。因此，刑法对拒不执行判决、裁定的行为作出了规定。

二、条文解读

（一）概念

拒不执行判决、裁定罪是指行为人对人民法院的判决、裁定有能力执行而拒不执行，情节严重的行为。

（二）构成

1．主体要件

本罪的主体具体包括以下三种：

(1) 被执行人公民，即由人民法院判决、裁定规定的负有作为或不作为义务的自然人。

(2) 被执行单位的直接负责的主管人员和其他直接责任人员，这些人员为了本单位的利益拒不执行人民法院的判决、裁定，造成特别严重后果的，也构成本罪主体。

(3) 与被执行人共同实施妨害执行和拒不执行的行为人。这种人所实施的犯罪行为，因其不是被执行人，故实际上不是拒不执行行为，而是妨害执行行为，只因这种行为是为被执行人拒不执行服务，从属于拒不执行行为，故以拒不执行犯罪论处。如果被执行人不构成该罪，而其行为人构成犯罪的，则以其他罪名论处。

2．客观要件

本罪的客观要件是不作为，即行为人对人民法院生效的判决、裁定有能力执行而拒不执行。具体行为表现为以下几个方面：

（1）被执行人隐藏、转移、故意毁损财产或者无偿转让财产、以明显不合理的低价转让财产，致使判决裁定无法执行的；

（2）担保人或者被执行人隐藏、转移、故意毁损或者转让已向人民法院提供担保的财产，致使判决、裁定无法执行的；

（3）协助执行义务人接到人民法院协助执行通知书后，拒不协助执行，致使判决、裁定无法执行的；

（4）被执行人、担保人、协助执行义务人与国家机关工作人员通谋，利用国家机关工作人员的职权妨害执行，致使判决、裁定无法执行的；

（5）其他有能力执行而拒不执行，情节严重的情形。

3．主观要件

本罪的主观要件是故意。行为人明知是人民法院的判决、裁定，而在有能力执行的情况下不予执行的主观心理状态。

4．客体要件

本罪侵犯的客体是司法机关的正常活动。

（三）处罚

对人民法院的判决、裁定有能力执行而拒不执行，情节严重的，处三年以下有期徒刑、拘役或者罚金。

三、典型案例

2000年，尹某承揽了一项工程，把活儿包给李某夫妇，双方合同约定完工即付工程款二十一万余元。然而，年末工程结束后，尹某却告诉他们钱要来年再给。后李某夫妇多次要钱，一直未果。到了2005年，李某丈夫患病急于用钱，可找尹某多次，还是没拿到钱，两人无奈于年末将尹某告上法院。5月，区人民法院作出判决，判决尹某偿还二十一万元工程款并承担利息。2007年年初，李某申请法院强制执行，尹某向法院承诺8月前会分三次全部还清。然而，尹某依然不履行。后尹某因其拒不执行，法院对尹某司法拘留十五日。然而司法拘留期满的尹某却逃之夭夭，下落不明。因其没有财产可供执行，给执行工作带来难度，案件被暂时搁浅。2008年尹某被抓获，法院以涉嫌拒不执行判决、裁定罪将其移送公安机关追究刑事责任。

【案件评析】

本案中，尹某拖欠李某夫妇工程款，在李某夫妇多次索要无果的情形下，被告上法庭。法院经审理判决尹某偿还李某夫妇工程款。但尹某依然不还欠款。后李某夫妇申请强制执行，尹某口头承诺偿还，但却一次又一次食言。不仅如此，尹某在被因拒不履行判决被司法拘留十五日后，依然不偿还工程款。尹某在有能力执行而拒不执行的情况下，行为性质严重，构成拒不执行判决、裁定罪。

☆“非法处置查封、扣押、冻结的财产罪”解读

一、立法背景

为了保证诉讼的正常进行，刑事诉讼法、民事诉讼法等程序法中都对查封、扣押、冻结财产作了规定，正确执行查封、扣押、冻结的财产对于保全证据，顺利处理案件有着重要意义。然而，实践中，一些当事人隐藏、转移、变卖、故意毁损已被司法机关查封、扣押、冻结的财产，严重破坏司法机关的正常活动，因此，刑法规定了本罪。

二、条文解读

（一）概念

非法处置查封、扣押、冻结的财产罪是指隐藏、转移、变卖、故意毁损已被司法机关查封、扣押、冻结的财产，情节严重的行为。

（二）构成

1．主体要件

本罪的主体为一般主体。即年满十六周岁且具有刑事责任能力的自然人均可成为本罪的主体，单位也可成为本罪的主体。

2．客观要件

本罪在客观方面表现为行为人隐藏、转移、变卖、故意毁损已被司法机关查封、扣押、冻结的财产。具体包括以下四种情形：

（1）隐藏已被司法机关查封、扣押、冻结的财产。

（2）转移已被司法机关查封、扣押、冻结的财产。

（3）变卖已被司法机关查封、扣押、冻结的财产。

（4）故意毁损已被司法机关查封、扣押、冻结的财产。

3．主观要件

行为人主观上出于故意的心态。

4．客体要件

本罪侵犯的客体是司法机关的正常活动。

（三）处罚

隐藏、转移、变卖、故意毁损已被司法机关查封、扣押、冻结的财产，情节严重的，处三年以下有期徒刑、拘役或者罚金。

三、典型案例

2007年，某市中级人民法院在审理某市畜产粮油食品进出口公司诉某市某商业公司购销合同纠纷中，根据原告的申请，裁定某市某钢铁公司不得清偿对某市某商业公司的债务。2008年4月1日，某市中级法院判决某市某商业公司偿还某市畜产粮油食品进出口公司货款146万元。2008年4月，时任某市某商业公司经理的谢某，瞒天过海，将某市中级法院裁定驳回某市畜产粮油食品进出口公司起诉某市某商业公司欠款纠纷的民事裁定书交给某市某钢铁公司，隐瞒某市中级法院未解冻的真相，要求该钢铁公司给付八十余万元货款，后该钢铁公司答应用钢材折抵货款。2008年四五月间，谢提走钢材后低价变卖，得款八十余万元。同年7月底，谢携款逃往外地，致使某市中级法院的民事判决书无法执行。2009年10月，公安机关通过计算机网络查缉，将其抓获归案。

【案件评析】

本案中，法院裁定某市某钢铁公司不得清偿对某市某商业公司的债务，但时任某市某商业公司经理的谢某，瞒天过海，将某市中级法院裁定驳回某市畜产粮油食品进出口公司起诉某市某商业公司欠款纠纷的民事裁定书交给某市某钢铁公司，隐瞒某市中级法院未解冻的真相，要求该钢铁公司给付八十余万元货款，后该钢铁公司答应用钢材折抵货款。谢提走钢材后低价变卖，得款八十余万元。因此，谢某的行为构成非法处置查封、扣押、冻结的财产罪。

☆“嫖宿幼女罪”解读

一、立法背景

嫖宿幼女的行为，严重损害幼女的身心健康，使得有不良习性的幼女在卖淫的泥潭中越陷越深，因此，刑法对嫖宿幼女的行为进行严厉打击。

二、条文解读

（一）概念

嫖宿幼女罪是指嫖宿不满十四周岁的幼女的行为。

（二）构成

1．主体要件

本罪的主体为一般主体，即凡年满十六周岁具有刑事责任能力的自然人均可构成本罪。

2．客观要件

本罪的客观要件是行为人只要实施了嫖宿幼女的行为，无论嫖客是否明知嫖宿对象为幼女，均构成本罪。

3．主观要件

本罪在主观方面表现为故意。

4．客体要件

本罪侵犯的客体是幼女的身心健康和社会风化管理秩序。

（三）处罚

嫖宿不满十四周岁的幼女的，处五年以上有期徒刑，并处罚金。

三、典型案例

2007 年 10 月，贵州习水妇女袁荣会在县佳和市场非法经营旅社期间，与十四岁的刘某及其十五岁的男友袁某认识。三人商议，由刘某和男友负责寻找女学生带到袁荣会家中进行卖淫，由袁荣会提供场所并联系嫖客。袁荣会按嫖资的 30%收取“卫生费”，剩余嫖资归刘某及其男友。

2007 年 10 月至 2008 年 7 月期间，刘某及其男友在下午放学或下晚自习期间守候在学校附近，采用打毒针、拍摄裸照散播等威胁手段将李某、王某、罗某等十一名女生带到袁荣会家中，由袁荣会先后联系嫖客母明忠、在职教师冯支洋，在职干部陈村、黄永亮、李守明、陈孟然等前去嫖娼。其中未满十四周岁的幼女三名。

2009 年 7 月 24 日，贵州省遵义市中级人民法院公开宣判。法院根据各被告人的犯罪事实、性质、情节和社会危害程度，依照《中华人民共和国刑法》的有关规定，以强迫卖淫罪判处被告人袁荣会无期徒刑；以嫖宿幼女罪分别判处被告人冯支洋有期徒刑十四年，被告人陈村有期徒刑十二年，被告人母明忠有期徒刑十年，被告人冯勇、李守明、黄永亮、陈孟然各有期徒刑七年。

【案件评析】

本案即是“贵州习水嫖宿幼女案”，冯支洋、陈村等人嫖宿未满十四周岁的幼女的行为，严重侵害了幼女的身心健康。即使冯支洋、陈村等人不知嫖宿的对象是幼女，也不影响本罪的成立。因此，冯支洋、陈村等人构成嫖宿幼女罪。

此案在社会上影响极为恶劣，冯支洋、陈村等人身为国家公职人员，多次参与嫖宿幼女，其行为严重败坏了国家公职人员的形象，对未成年人的身心也造成巨大伤害。因此，应当开展打击卖淫嫖娼专项斗争和校园周边环境专项整治，加强学校内部管理，加大干部违法违纪案件查处力度。

第八节　危害国防利益罪概述

一、危害国防利益罪的概念

危害国防利益罪是指违反国防管理法规，危害国防利益，依照法律应当受刑罚处罚的行为。

二、危害国防利益罪的特征

（一）本类犯罪侵犯的客体是我国的国防利益

国防利益是指为防备和抵抗外来侵略，制止武装颠覆，保卫国家的主权、统一、领土完整和安全所进行的军事活动，以及与军事有关的政治、经济、外交、科技、教育等方面活动的利益。它包括国防资产、国防建设方面的利益、国防管理秩序、武装力量建设、作战和军事行动方面的利益等。危害国防利益罪侵害的对象包括：武装部队；军人；军用武器装备；军事设施；军事通信；军事禁区和军事管理区；兵员；部队的公文、证件、印章；武装部队专用标志；等等。

（二）本类犯罪在客观方面表现为违反国防法规，危害国防利益的行为

危害国防利益的行为的内容具体表现为，妨害军队作战和军事行动、破坏国防建设、危害国防管理秩序和拒绝或逃避履行国防义务等四个方面。就危害国防利益罪的客观方面的行为方式来说，有的表现为作为，有的表现为不作为。有的犯罪无论战时还是平时都能构成，有的则只能在战时才构成。根据刑法第四百五十一条的规定，所谓战时，是指国家宣布进入战争状态、部队受领作战任务或者遭敌突然袭击时。部队执行戒严任务或者处置突发性暴力事件时，也以战时论。

（三）本类犯罪主体多数为一般主体

本类犯罪只有个别的主体是特殊主体，如战时拒绝、逃避征召、军事训练罪的主体仅限于预备役人员。如多数犯罪只能由自然人实施；少数犯罪既可由自然人实施，也可由单位实施，如故意提供不合格武器装备、军事设施罪，非法生产、买卖军用标志罪；还有一个犯罪则

只能由单位实施，即战时拒绝、故意延误军事订货罪。

（四）本类犯罪在主观方面一般出于故意

只有过失提供不合格武器装备、军事设施罪一个罪的主观方面属于过失，其他二十二个罪的主观方面均为故意。

三、危害国防利益罪的种类

危害国防利益罪是一个类罪名。根据危害国防利益行为构成犯罪的时间是否限于战时，可将危害国防利益罪分为以下两类：

（一）不限于战时的危害国防利益罪，即平时和战时都能构成的危害国防利益罪。包括阻碍军人执行职务罪；阻碍军事行动罪；破坏武器装备、军事设施、军事通信罪；故意提供不合格武器装备、军事设施罪；过失提供不合格武器装备、军事设施罪；聚众冲击军事禁区罪；聚众扰乱军事管理区秩序罪；冒充军人招摇撞骗罪；煽动军人逃离部队罪；雇用逃离部队军人罪；接送不合格兵员罪；伪造、变造、买卖武装部队公文、证件、印章罪；盗窃、抢夺武装部队公文、证件、印章罪；非法生产、买卖武装部队制式服装罪。

（二）限于战时的危害国防利益罪。包括战时拒绝、逃避征召、军事训练罪；战时拒绝、逃避服役罪；战时故意提供虚假敌情罪；战时造谣扰乱军心罪；战时窝藏逃离部队军人罪人；战时拒绝、故意延误军事订货罪；战时拒绝军用征用罪。

☆“接送不合格兵员罪”解读

一、立法背景

国家根据兵役法的规定，征集应征公民到军队服役，并就征集对象的政治、身体、文化、年龄等条件和征兵工作程序作了明确规定，这是保证兵员质量，提高部队战斗力的需要。但是，个别负责征兵工作的人员，在征兵工作中徇私舞弊，为满足私欲严重不负责任，将不符合要求甚至是有犯罪记录的人员送到部队，给国防安全和利益带来隐患。因此，1997年刑法修订时增加了本罪。

二、条文解读

（一）概念

接送不合格兵员罪是指在征兵工作中徇私舞弊，接送不合格兵员，情节严重的行为。接送不合格兵员的行为，必须达到情节严重才构成本罪。情节严重，是指以下几种情形：

1．徇私舞弊，谋取应征人员及其亲属的金钱、财物，数额较大的；

2．因谋取私利，而造成多个不合格兵员入伍的；

3．徇私舞弊，情节恶劣，使征集的不合格兵员在部队造成不良影响的；

4．在征兵过程中，徇私舞弊，屡教不改的；

5．战时因渎职行为而征集不合格兵员，影响部队军事行动的；等等。

（二）构成

1．主体要件

本罪的主体是负责接送新兵的工作人员。既包括地方武装部负责征兵工作的人员，也包括征兵部队派出的武装部队工作人员。

2．客观要件

本罪在客观方面表现为在征兵工作中徇私舞弊，接送不合格兵员，情节严重的行为。

3．主观要件

本罪在主观方面表现为故意，即行为人明知自己的徇私舞弊行为是违反有关法律规定的，明知自己的行为可能产生的后果，而对这种后果的发生持希望或者放任的态度。

4．客体要件

本罪侵犯的客体是国家征兵工作的正常活动。

（三）处罚

在征兵工作中徇私舞弊，接送不合格兵员，情节严重的，处三年以下有期徒刑或者拘役；造成特别严重后果的，处三年以上七年以下有期徒刑。

三、典型案例

2009年冬季征兵工作开始后，崔某被任命为该镇征兵领导小组成员。为了给因犯抢劫罪被判处有期徒刑三年缓刑四年的儿子找条“出路”，崔某指使他人提供其子表现良好、无任何违法行为的虚假政审材料，然后加盖由自己保管的镇教育办公室公章，使儿子顺利通过了政审，得以应征入伍。崔某到部队后，部队在政审复查时发现其政审材料是伪造的，遂对其作了除名处理。2010 年 12 月 4 日，某区人民法院依法作出裁定：撤销对崔某的缓刑，决定对其收监执行有期徒刑三年。2011 年 4 月初，某区人民法院经立案审理，认定崔某犯接送不合格兵员罪，依法判处崔某拘役六个月。

【案件评析】

本案中，崔某在担任负责接送新兵的工作人员时，出于私情将自己有犯罪记录的儿子送到部队。其行为符合接送不合格兵员罪的构成要件。因此，崔某的行为构成接收不合格兵员罪。区人民法院作出的判决是正确的。

☆“伪造、盗窃、买卖、非法提供、非法使用武装部队专用标志罪”解读

一、立法背景

近年来，一些不法分子为了逃避各种规费以及牟取非法利益，大量盗窃、非法提供、非法使用军车号牌，这些违法犯罪活动，破坏了军队的正常管理和军车运行秩序。因此，刑法修正案（七）第十二条第二款在刑法第三百七十五条第二款后增加了第三款，将伪造、盗窃、买卖或者非法提供、使用武装部队车辆号牌等专用标志，情节严重的行为规定为犯罪。本款罪名同样将犯罪行为与犯罪对象列出，确定为“伪造、盗窃、买卖、非法提供、非法使用武装部队专用标志罪”。

二、条文解读

（一）概念

伪造、盗窃、买卖、非法提供、非法使用武装部队专用标志罪是指伪造、盗窃、买卖或者非法提供、使用武装部队车辆号牌等专用标志，情节严重的行为。

（二）构成

1．主体要件

本罪的主体是一般主体，包括自然人和单位。对于自然人来说，只要达到刑事责任年龄，具备刑事责任能力，都可以成为本罪的主体，既可以是军人，也可以是非军人。对于单位来说，公司、企业、事业单位、机关、团体为本单位谋取非法利益，经单位集体决定或者由负责人决定实施伪造、盗窃、买卖武装部队车辆号牌等专用标志，情节严重的，构成伪造、盗窃、买卖武装部队专用标志罪。

2．客观要件

本罪在客观方面表现为单位或行为人实施伪造、盗窃、买卖武装部队车辆号牌等专用标志，情节严重的行为。买卖或者非法提供、使用武装部队车牌号码等专用标志，既包括真的专用标志，也包括伪造、变造等假的专用标志。

3．主观要件

行为人出于主观的故意，即行为人明知是武装部队的车辆号牌等专用标志而伪造、盗窃、买卖。

4．客体要件

本罪侵犯的客体是复杂客体，主要客体是武装部队专用标志的管理秩序，次要客体是武装部队的信誉。

（三）处罚

伪造、盗窃、买卖或者非法提供、使用武装部队车辆号牌等专用标志，情节严重的，处三年以下有期徒刑、拘役或者管制，并处或者单处罚金；情节特别严重的，处三年以上七年以下有期徒刑，并处罚金。

三、典型案例

2008 年 5 月 4 日至 2009 年 1 月 1 日，被告人时某为牟取非法利益，非法购买伪造武警部队士兵证、驾驶证、行驶证等证件，并购买两副假军用车牌照，在郑石高速公路收费站多次骗免通行费，共计人民币 368 万余元。

某市中院审理认为，时某以非法占有为目的，虚构事实、隐瞒真相，骗取河南中原高速公路股份有限公司免收其通行费，财物损失达 360 多万元，数额特别巨大，其行为符合诈骗罪的构成要件，已构成诈骗罪。

2010 年 12 月 21 日，法院作出判决，时某犯诈骗罪，判处无期徒刑，剥夺政治权利终身，并处罚金二百万元，并追缴违法所得的一切财物。

【案件评析】

本案中，法院审理查明的事实无误，但适用刑法第二百六十六条诈骗罪却值得商榷。诈骗罪指的是诈骗公私财物，把别人占有的财物通过诈骗而转移归己所占有，而时某只是通过使用假军用车牌照逃避公路收费，自己不出钱。其行为应根据《中华人民共和国刑法》第三百七十五条第三款“伪造、盗窃、买卖或者非法提供、使用武装部队车辆号牌等专用标志，情节严重的，处三年以下有期徒刑、拘役或者管制，并处或者单处罚金；情节特别严重的，处三年以上七年以下有期徒刑，并处罚金”的规定，以伪造、盗窃、买卖、非法提供、非法使用武装部队专用标志罪定罪，并根据犯罪情节是严重还是特别严重而量刑。

第九节　贪污贿赂罪概述

一、贪污贿赂罪的概念

我国刑法分则将贪污贿赂罪归为一类，主要是从反腐败的需要出发。贪污贿赂犯罪的共同特点在于侵犯了国家的廉政建设制度，即侵犯了国家工作人员职务的廉洁性，败坏国家工作人员的声誉，损害了党和国家机关在人民群众中的威信。从这一共同特征出发，我们认为，贪污贿赂罪是指国家工作人员或国有单位实施的贪污、受贿等侵犯国家廉政建设制度，以及与贪污、受贿犯罪密切相关的侵犯职务廉洁性的行为。

惩治贪污、受贿犯罪，是我国现阶段反腐败斗争的重点，在刑法分则中将贪污贿赂罪列为专门一章，作为独立的类罪，对于加强国家的廉政建设，突出反腐败的打击重点，有效地遏制职务犯罪，都具有积极的意义。

二、贪污贿赂罪的构成特征

（一）贪污贿赂罪侵犯的客体是国家的廉政建设制度

国家的廉政建设制度是以恪尽职守、廉洁奉公、吏治清明、反对腐败为其主要内容的。贪污、贿赂罪不仅严重地侵犯了公共财产的所有权，而且严重地侵蚀了党和国家的健康的肌体，损害了党和政府在人民心目中的形象，妨害了国家的廉政建设制度。

（二）贪污贿赂罪在客观方面表现为侵害国家廉政制度情节严重的行为

其中，多数为国家工作人员利用职务之便贪污、受贿、挪用公款，也有的是与国家工作人员职务密切相关，如拒不说明巨额财产来源、隐瞒境外存款，还有的是与国家工作人员受贿具有对象性的行贿、介绍贿赂的行为。行为方式除巨额财产来源不明罪、隐瞒境外存款罪表现为不作为之外，其他犯罪通常表现为作为。

（三）本类犯罪的主体包括两类，一类是自然人，另一类是单位

就自然人来说，大多数是特殊主体，即国家工作人员。少数犯罪的主体为一般主体，如行贿罪、介绍贿赂罪等。就单位来说，既有纯正的单位犯罪，如私分国有资产罪、私分罚没财产罪，也有不纯正的单位犯罪，如对单位行贿罪。

（四）本类犯罪在主观方面均由故意构成，即行为人明知自己的行为会损害国家工作人员职务的廉洁性，并且希望或放任这种结果发生。过失不能构成本类犯罪

三、贪污贿赂罪的种类

根据刑法分则第八章的规定，贪污贿赂罪可分为两类：一类是贪污犯罪，包括贪污罪、挪用公款罪、巨额财产来源不明罪、隐瞒境外存款罪、私分国有资产罪和私分罚没财产罪。另一类是贿赂犯罪，包括受贿罪、利用影响力受贿罪、单位受贿罪、行贿罪、对单位行贿罪、介绍贿赂罪、单位行贿罪。

☆“贪污罪”解读

一、立法背景

贪污败坏党风、社会风气，社会影响十分恶劣，为了加强党风廉政建设，严惩腐败行为，刑法制定了贪污罪，从而有利于打击贪污犯罪，并起到警示作用。

二、条文解读

（一）概念

本罪是指国家工作人员利用职务上的便利，侵吞、窃取、骗取或者以其他手段非法占有公共财物的行为。

（二）构成

1．主体要件

本罪的主体是国家工作人员或者受委托管理、经营国有财产的人员。可见，贪污罪的主体包括两类：一是国家工作人员；二是受委托管理、经营国有财产的人员。

根据刑法第九十三条的规定，国家工作人员是指是指国家机关中从事公务的人员。国有公司、企业、事业单位、人民团体中从事公务的人员和国家机关、国有公司、企业、事业单位委派到非国有公司、企业、事业单位、社会团体从事公务的人员，以及其他依照法律从事公务的人员，以国家工作人员论。具体来说，国家机关工作人员可以分为以下四类：

(1) 国家机关工作人员。它是指各级国家权力机关、行政机关、审判机关、检察机关和军事机关中从事公务的人员。此外，参照公务员条例管理的各级党委、政协机关中从事公务的人员，应视为国家机关工作人员。

(2) 国有公司、企业、事业单位、人民团体中从事公务的人员。

(3) 国家机关、国有公司、企业、事业单位委派到非国有公司、企业、事业单位、社会团体从事公务的人员。

(4) 其他依照法律从事公务的人员。村民委员会等村基层组织人员协助人民政府从事以下行政管理工作时，属于“其他依照法律从事公务的人员”：①救灾、抢险、防汛、优抚、扶贫、移民、救济款物的管理；②社会捐助公益事业款物的管理；③国有土地的经营和管理；④土地征收、征用补偿费用的管理；⑤代征、代缴税款；⑥有关计划生育、户籍、征兵工作；⑦协助人民政府从事的其他行政管理工作。

受委托管理、经营国有财产的人员是指受国家机关、国有公司、企业、事业单位、人民团体委托、经营国有财产的人员。

2．客观要件

本罪在客观方面表现为国家工作人员利用职务的便利，侵吞、窃取、骗取或者以其他手段，非法占有公私财物的行为。

利用职务上的便利是指利用本人职务范围内主管、管理、经营、经手公共财物的便利条件。贪污行为的手段主要有：

(1) 侵吞。侵吞是指利用职务上的便利，采取涂改账目、收入不记账的方法，将本人依职务主管、管理、经手的公共财物非法占为己有。

(2) 窃取。窃取是指利用职务上的便利，采取监守自盗的办法，将自己主管、管理、经手的公共财物非法占为己有。

(3) 骗取。骗取是指行为人利用职务上的便利，使用虚构事实或者隐瞒真相的方法，非法占用公共财物的行为，如伪造、涂改单据、虚报冒领等。

(4) 其他手段。其他手段是指采取侵吞、窃取、骗取以外的方法，将公共财物非法占为己有的行为。根据刑法第三百九十四条的规定，国家工作人员在国内公务活动或者在对外交往中接受礼物，依照规定应当交公而不交公的，也是一种贪污的特殊手段。

3．主观要件

本罪在主观方面行为人是直接故意，并且具有非法占有公共财物的目的。贪污罪的故意是明知是公共财物而利用职务上的便利予以非法占有的主观心理状态。

4．客体要件

本罪既侵犯了公共财物的所有权，又侵犯了国家机关、国有企业事业单位的正常活动以及职务的廉洁性，但主要是侵犯了职务的廉洁性。

（三）处罚

对犯贪污罪的，根据情节轻重，分别依照下列规定处罚：

1．个人贪污数额在十万元以上的，处十年以上有期徒刑或者无期徒刑，可以并处没收财产；情节特别严重的，处死刑，并处没收财产。

2．个人贪污数额在五万元以上不满十万元的，处五年以上有期徒刑，可以并处没收财产；情节特别严重的，处无期徒刑，并处没收财产。

3．个人贪污数额在五千元以上不满五万元的，处一年以上七年以下有期徒刑；情节严重的，处七年以上十年以下有期徒刑。个人贪污数额在五千元以上不满一万元，犯罪后有悔改表现、积极退赃的，可以减轻处罚或者免予刑事处罚，由其所在单位或者上级主管机关给予行政处分。

4．个人贪污数额不满五千元，情节较重的，处二年以下有期徒刑或者拘役；情节较轻的，由其所在单位或者上级主管机关酌情给予行政处分。

对多次贪污未经处理的，按照累计贪污数额处罚。

三、典型案例

2001 年 4 月至 2005 年 10 月期间，吕某利用其担任某文物管理所会计的职务之便，先后指使售票员先某、赵某和票管员陈某，采用少填出库单多发门票，事后做假账等手段，截留门票销售款 1000 多万元。所获赃款先某分得 38.15 万元，陈某分得 29.15 万元，赵某分得 22.15 万元，其余 966.73 万元被吕某据为己有。2001 年 8 月至 2005 年 2 月期间，吕某、盛某等人多次私分单位小金库公款 36.87 万元，吕某、盛某各分得 14.31 万元。 案发后，吕某等人被检察机关依法提起公诉，嘉峪关市中级人民法院日前对嘉峪关关城文物管理所 5 名工作人员连锁贪污案作出一审判决。法院审理后，以贪污罪判处主犯吕某死刑，缓期二年执行，剥夺政治权利终身，并处没收个人全部财产；判处先某有期徒刑十三年；判处盛某有期徒刑十年；判处陈某有期徒刑六年；判处赵某有期徒刑八年。

【案件评析】

本案中，吕某、先某、盛某、陈某、赵某身为国有事业单位工作人员，利用其管理公共财物的职务之便，分别结伙，连续多年大肆侵吞国有资产，其行为均已构成贪污罪。吕某指使他人共同作案，系本案主犯，其贪污金额达千万元之巨，犯罪情节特别严重，依法判处死刑，缓期二年执行。先某、陈某、赵某在他人指使下参与贪污，在共同犯罪中起了次要作用，系从犯；盛某在共同犯罪中与他人所起作用相当，不分主从。法院对先某、盛某、陈某、赵某可依法酌情从轻和减轻处罚。

☆“挪用公款罪”解读

一、立法背景

挪用公款罪是侵犯公款使用权的犯罪行为。1988年《全国人民代表大会常务委员会关于惩治贪污贿赂罪的补充规定》将其规定为犯罪。1997年刑法修订时，该规定经修改纳入刑法典。

二、条文解读

（一）概念

挪用公款罪是指国家工作人员利用职务上的便利，挪用公款归个人使用，进行非法活动的，或者挪用公款数额较大、进行营利活动的，或者挪用公款数额较大，超过三个月未还的行为。

（二）构成

1．主体要件

本罪的主体是国家工作人员。根据全国人民代表大会常务委员会《关于〈中华人民共和国刑法〉第九十三条第二款的解释》，村民委员会等村基层组织人员在协助人民政府从事行政管理工作中，利用职务上的便利，挪用公款构成犯罪的，适用挪用公款罪的规定。

2．客观要件

本罪在客观方面表现为行为人利用职务上的便利，挪用公款归个人使用。利用职务上的便利，是指利用主管或者保管公款的行为。

挪用公款是指利用职务上的便利，实施下列行为：

一是挪用公款归个人使用，进行非法活动的。“非法活动”是指赌博、吸毒、嫖娼等法律、行政法规所禁止的行为。

二是挪用公款归个人使用，数额较大，进行营利活动的。“营利活动”是指经商办企业、投资股市、购买国债等行为。

三是挪用公款归个人使用，数额较大，超过三个月未还的。

根据刑法规定，挪用公款罪必须是挪用公款归个人使用。根据立法解释，有下列情形之一的，属于挪用公款归个人使用：（1）将公款供本人、亲友或者其他自然人使用的；（2）以个人名义将公款供其他单位使用的；(3) 个人决定以单位名义将公款供其他单位使用，谋取个人利益的。这里的单位，既包括私有公司、企业，也包括国有公司、企业以及集体公司、企业。

挪用公款罪的对象是公款。公款既包括国家机关、国有公司、企业、事业单位、人民团体所有的款项，也包括非国有公司、企业、事业单位、社会团体的款项。此外，失业保险基金和下岗职工基本生活保障资金也可以成为本罪的对象。

3．主观要件

行为人主观方面是故意，具有非法使用公款的目的。

4．客体要件

本罪侵犯的客体主要是公共财产的所有权，同时在一定程度上也侵犯了国家的财经管理制度。

（三）处罚

国家工作人员利用职务上的便利，挪用公款归个人使用，进行非法活动的，或者挪用公款数额较大、进行营利活动的，或者挪用公款数额较大、超过三个月未还的，是挪用公款罪，处五年以下有期徒刑或者拘役；情节严重的，处五年以上有期徒刑。挪用公款数额巨大不退还的，处十年以上有期徒刑或者无期徒刑。

挪用用于救灾、抢险、防汛、优抚、扶贫、移民、救济款物归个人使用的，从重处罚。

三、典型案例

张某某是某市公交集团某客运公司财务科科长。2007 年 6 月，张某某为支付其女儿上学费用，私自将其与该财务科会计、出纳共同保管的该公司“小金库”内的二万元公款挪用。张某某为其女儿上学挪用“小金库”二万元后不久，会计、出纳也先后分别以各种理由向财务科科长张某某提出借用公款，经张某某同意便将“小金库”公款给二人分别挪用二万元。有了三人第一次不谋而合的共同合作挪用公款的行为，三人共谋再次将手伸向“小金库”大肆挪用公款。2008 年 3 月 19 日，某客运公司出纳向张某某和会计提出要用三人共同保管的“小金库”公款缴纳单位购房款，张某某表示同意后，也提出用“小金库”的公款来交自己的购房集资款，当天下午，张某某和会计从“小金库”中支取现金五十一万元，用于缴纳各自的集资购房款，其中，张某某挪用十五万元、会计挪用十六万元、出纳挪用二十万元。2008 年 10 月 17 日，反贪局立案侦查了犯罪嫌疑人张某某挪用公款案。同年 12 月 5 日对其依法提起公诉。2009 年 3 月，被告人张某某被某区人民法院以挪用公款罪判处有期徒刑三年，缓期四年执行。

【案件分析】

本案是一起由于挪用单位“小金库”引发的职务犯罪。“小金库”是将本应归属国家的资金采用截留、隐瞒的手段，非法转为由本单位自由支配的“账外账”资金的行为。从本案不难看出，“小金库”不仅会造成国家财产的流失，也是挪用公款犯罪滋生的温床，挪用公款案件总是与发案单位的“小金库”相伴而生。针对单位私设“小金库”，设立“账外账”导致发生的职务犯罪行为，解决单位资金账外循环不入账的问题，减少和预防职务犯罪的发生，应着力加强以下工作：一是高度认识“小金库”的危害，清除“账外账”。二是财务监督检查要坚持经常化，制度化。三是对财务管理公开化、民主化。四是加强法制宣传教育活动，提高干部的法律意识。

☆“受贿罪”解读

一、立法背景

国家工作人员受贿行为是严重的腐败行为，严重危害国家政权的稳固。我国批准加入的《联合国反腐败公约》将贿赂犯罪作为防范和打击的重点。1979 年刑法对受贿罪作了规定。

二、条文解读

（一）概念

受贿罪是指国家工作人员利用职务上的便利，索取他人财物，或者非法收受他人财物，为他人谋取利益的行为。

（二）构成

1．主体要件

本罪的主体是国家工作人员。根据全国人民代表大会常务委员会《关于〈中华人民共和国刑法〉第九十三条第二款的解释》，村民委员会等村基层组织人员在协助人民政府从事行政管理工作中，利用职务上的便利，索取他人财物或者非法收受他人财物，构成犯罪的，适用受贿罪的规定。

2．客观要件

本罪的客观方面表现为利用职务上的便利，索取他人财物，或者非法收受他人财物，为他人谋取利益。

利用职务上的便利，是指利用本人职务范围内的权力，即自己职务上主管、负责或者承办某种公共事务的职权所造成的便利条件。

我国刑法将索取与收受作为受贿行为的两种表现。(1) 索取。索取是行为人在职务活动中主动向他人索要财物。索贿是严重的受贿行为，比一般受贿行为具有更大的主观恶性和社会危害性。(2) 收受。收受是指行贿人向受贿人主动给予财物时，受贿人非法收受他人财物的行为。

国家工作人员在经济往来中，违反国家规定收受各种名义的回扣、手续费，归个人所有，以受贿论处。

3．主观要件

行为人主观方面是故意。此处的故意是指明知是利用职务上的便利索取他人财物或者收受他人财物为他人谋取利益的行为而有意实施的主观心理状态。

索取财物不以为他人谋取利益为要件。收受财物构成的受贿罪则以为他人谋取利益为要件，只要行为人主观上具有为他人谋取利益的目的即构成本罪，无论行为人为他人谋取的是合法利益还是非法利益，行为人为他人谋取的利益是否实现都不影响本罪的构成。

4．客体要件

本罪侵犯的客体是复杂客体。主要客体是国家机关、国有公司、企事业单位、人民团体的正常管理活动；次要客体是国家工作人员职务行为的廉洁性。

（三）处罚

对犯受贿罪的，根据情节轻重，分别依照下列规定处罚：

1．个人受贿数额在十万元以上的，处十年以上有期徒刑或者无期徒刑，可以并处没收财产；情节特别严重的，处死刑，并处没收财产。

2．个人受贿数额在五万元以上不满十万元的，处五年以上有期徒刑，可以并处没收财产；情节特别严重的，处无期徒刑，并处没收财产。

3．个人受贿数额在五千元以上不满五万元的，处一年以上七年以下有期徒刑；情节严重的，处七年以上十年以下有期徒刑。个人受贿数额在五千元以上不满一万元，犯罪后有悔改表现、积极退赃的，可以减轻处罚或者免予刑事处罚，由其所在单位或者上级主管机关给予行政处分。

4．个人受贿数额不满五千元，情节较重的，处二年以下有期徒刑或者拘役；情节较轻的，由其所在单位或者上级主管机关酌情给予行政处分。

对多次受贿未经处理的，按照累计受贿数额处罚。

索贿的从重处罚。

三、典型案例

姜某在担任某市副市长期间，分管城建、交通、房地产开发等领域，他利用职务便利，先后收受顾某、陈某、李某、林某某、凌某某贿赂款，共计人民币 1.0867 亿元、港币 5 万元、美元 4000 元。后姜某被市人民检察院审查起诉。人民检察院成立专案组，经过缜密细致的审查，以受贿罪对被告人姜某提起公诉。某市中级人民法院一审认定姜某犯受贿罪，判处其死刑、剥夺政治权利终身。

【案件评析】

本案是一起典型的受贿案。姜某身为国家机关工作人员，利用职务便利，多次收受贿赂，为他人谋取利益，其行为符合受贿罪的构成要件，因此姜某犯受贿罪。根据刑法的规定，个人受贿数额在十万元以上的，处十年以上有期徒刑或者无期徒刑，可以并处没收财产；情节特别严重的，处死刑，并处没收财产。由于姜某受贿金额过亿，属于情节特别严重，因此法院对姜某的判决是正确。

☆“单位受贿罪”解读

一、立法背景

20 世纪 80 年代，一些国有单位利用所掌握的行政审批权、物质分配权等权力，为他人谋取利益，索取、收受他人财物归本单位所有。为此，全国人大常委会在《全国人民代表大会常务委员会关于惩治贪污罪贿赂罪的补充规定》中增加了单位受贿罪。1997 年刑法修订时作了修改，并增加了第二款。

二、条文解读

（一）概念

单位受贿罪是指国家机关、国有公司、企业、事业单位、人民团体，索取、非法收受他人财物，为他人谋取利益，情节严重的行为。

（二）构成

1．主体要件

本罪的主体是国家机关、国有公司、企业、事业单位、人民团体。

除此以外，其他单位包括集体经济组织、中外合资企业、中外合作企业、外商独资企业和私营企业，都不能成为单位受贿罪的主体。

2. 客观要件

本罪的客观要件为犯罪单位索取、收受他人财物，为他人谋取利益，情节严重的行为。

3. 主观要件

本罪是单位犯罪，在主观方面表现为直接故意。单位受贿罪的这种故意，是经单位决策机构的授权或同意，由其直接负责的主管人员和其他责任人员故意收受或索取贿赂的行为表现出来的，是法人整体意志的体现。

4. 客体要件

本罪侵犯的客体是国有单位正常的管理活动和声誉。

（三）处罚

国家机关、国有公司、企业、事业单位、人民团体，索取、非法收受他人财物，为他人谋取利益，情节严重的，对单位判处罚金，并对其直接负责的主管人员和其他直接责任人员，处五年以下有期徒刑或者拘役。

前款所列单位，在经济往来中，在账外暗中收受各种名义的回扣、手续费的，以受贿论，依照前款的规定处罚。

三、典型案例

2009年，经某盐业分公司经理吴某同意，该盐业分公司工作人员傅某、陈某以“运输管理费”的名义，按照不同地点确定不同回扣标准，向竹林盐场车队、北暮盐场车队收取运费回扣。并经吴某同意，不定期地以“补贴”等名义平均发放给全体职工。吴某任经理期间，被告单位从所收取的回扣中共支出近九十三万元发放给全体职工作补贴。

法院认为，被告单位某盐业分公司身为国有企业，索取他人钱财，为他人谋利益，情节严重；被告人吴某在单位受贿期间是单位直接负责的主管人员，其行为已构成单位受贿罪。据此，法院依法判处被告单位某盐业分公司犯单位受贿罪，判处罚金人民币二十万元；被告人吴某犯单位受贿罪，判处有期徒刑六个月，缓刑一年。

【案件评析】

本案是一起典型的单位受贿案。单位受贿罪是受贿罪的一种特殊形态。我国法律特别规定单位受贿罪是指国家机关、国有公司、企业、事业单位、人民团体，索取、非法收受他人财物，为他人谋取利益，情节严重，或者在经济往来中，在账外暗中收受各种名义的回扣、手续费的行为。由此定义可知，它区别于一般受贿罪的条件是主体限定在国家机关、国有公司、企业、事业单位、人民团体等组织体。本案中，某盐业分公司是国有公司，其在经济往来中收取回扣，并将回扣作为单位福利发放。因此，某盐业分公司构成单位受贿罪，法院依法对单位判处罚金，对单位直接负责人吴某判处有期徒刑的做法是正确的。

☆“斡旋受贿罪”解读

一、立法背景

斡旋受贿是改革开放过程中受贿犯罪出现的一种新情况，这种行为同受贿一样，也是一种权钱交易，同样违反了国家工作人员职务行为廉洁性的要求，应当予以惩处。我国加入的《联合国反腐败公约》也要求将斡旋受贿行为规定为犯罪。1997年修订刑法时对此作了规定。

二、条文解读

（一）概念

斡旋受贿罪是指国家工作人员利用本人职权或者地位形成的便利条件，通过其他国家工作人员职务上的行为，为请托人谋取不正当利益，索取请托人财物或者收受请托人财物的行为。

（二）构成

1．主体要件

本罪的主体是特殊主体，即国家工作人员。非国家工作人员不能成为本罪的主体。

2．客观要件

本罪的客观要件为行为人实行了斡旋受贿行为。即利用本人职权或地位形成的便利条件，通过其他国家工作人员职务上的行为，为请托人谋取不正当利益，索取请托人财物或者收受请托人财物的行为。

斡旋受贿行为具有以下几方面的特点：首先，行为人利用了本人职权或地位形成的便利条件，这是成立斡旋受贿的前提；其次，行为人是通过其他国家工作人员职务上的行为，而不是直接利用自己职务范围内的权力，再次，行为人索取或者收受了请托人财物；最后，行为人为请托人谋取的是不正当利益。

3．主观要件

本罪在主观方面是直接故意，即行为人明知利用自己的职权或地位形成的便利条件，通过其他国家工作人员职务上的行为，为请托人谋取不正当利益而索取或者收受他人财物的行为会损害国家工作人员职务行为的廉洁性，侵犯国家机关、单位的正常管理活动，却希望这一结果的发生。间接故意和过失均不能构成本罪。

4．客体要件

本罪侵害的客体是复杂客体，即国家工作人员职务行为的廉洁性以及执政党和政府的威信。

（三）处罚

对犯斡旋受贿罪的，根据情节轻重，分别依照下列规定处罚：

1．个人受贿数额在十万元以上的，处十年以上有期徒刑或者无期徒刑，可以并处没收财产；情节特别严重的，处死刑，并处没收财产。

2．个人受贿数额在五万元以上不满十万元的，处五年以上有期徒刑，可以并处没收财产；情节特别严重的，处无期徒刑，并处没收财产。

3．个人受贿数额在五千元以上不满五万元的，处一年以上七年以下有期徒刑；情节严重的，处七年以上十年以下有期徒刑。个人受贿数额在五千元以上不满一万元，犯罪后有悔改表现、积极退赃的，可以减轻处罚或者免予刑事处罚，由其所在单位或者上级主管机关给予行政处分。

4．个人受贿数额不满五千元，情节较重的，处二年以下有期徒刑或者拘役；情节较轻的，由其所在单位或者上级主管机关酌情给予行政处分。

三、典型案例

仲某在担任中国农业银行北京市分行信用卡部职员期间，接受北京鑫博信科技有限公司法定代表人张某某请托，利用其在农行任职的便利条件，通过他人找到中国农业银行北京市分行崇文支行沙子口分理处主任许某等银行工作人员，分别为北京山润通汽车销售服务有限公司及鑫博信公司在农行崇文支行的贷款业务提供帮助。在贷款业务办理后，仲某收受山润通公司经理给予的一台价值近三千六百元的数码摄像机，并向张某某索取八十二万元好处费，其行为已构成受贿罪，法院一审判处仲某有期徒刑十三年。仲某不服，提起上诉，二审法院认为原判事实清楚，适用法律正确，故维持原判。

【案件评析】

本案中，仲某身为国家工作人员，利用自己的职权形成的便利条件，通过其他国家工作人员职务上的行为，为请托人山润通公司及鑫博信公司谋取不正当利益，收受山润通公司经理给予的一台价值三千六百元的数码摄像机，并向张某某索取八十二万元好处费，其行为符合刑法第三百八十八条的规定，构成斡旋受贿罪。

依据《全国法院审理经济犯罪案件工作座谈会纪要》的解释，刑法第三百八十八条规定的“利用本人职权或者地位形成的便利条件”是指行为人与被其利用的国家工作人员之间在职务上虽然没有隶属、制约关系，但是行为人利用了本人职权或者地位产生的影响和一定的工作联系，如单位内不同部门的国家工作人员之间，上下级单位没有职务上隶属、制约关系的国家工作人员之间，有工作联系的不同单位的国家工作人员之间。

☆“利用影响力受贿罪”解读

一、立法背景

现实生活中，某些国家工作人员的配偶、子女等近亲属，以及其他与该国家工作人员关系密切的人，通过该国家工作人员职务上的行为，或者利用该国家工作人员职权或者地位形成的便利条件，通过其他国家工作人员职务上的行为，为请托人谋取不正当利益，自己从中索取或者收受财物。同时，一些已离职的国家工作人员，虽已不具有国家工作人员的身份，但利用其在职时形成的影响力，通过其他国家工作人员的职务行为为请托人谋取不正当利益，自己从中收取或者收受财物。上述行为严重败坏了党风和社会风气，社会影响十分恶劣，为加强党风廉政建设，严惩腐败行为，有必要将此类行为纳入刑法。同时，我国已经批准加入的《联合国反腐败公约》也要求将影响力交易行为规定为犯罪。为此，刑法修正案（七）将上述行为单独定罪。

二、条文解读

（一）概念

利用影响力受贿罪是指国家工作人员的近亲属或者其他与该国家工作人员关系密切的人，通过该国家工作人员职务上的行为，或者利用该国家工作人员职权或者地位形成的便利条件，通过其他国家工作人员职务上的行为，为请托人谋取不正当利益，索取请托人财物或者收受请托人财物，数额较大或者有其他较重情节的行为。

（二）构成

1. 主体要件

本罪的主体为年满十六周岁，具有刑事责任能力的国家工作人员的近亲属或者其他与该国家工作人员关系密切的人；离职的国家工作人员或者其近亲属以及其他与其关系密切的人。本罪属自然人犯罪，不包括单位。

（1）国家工作人员的近亲属。根据刑事诉讼法第八十二条的规定，近亲属是指夫、妻、父、母、子、女、同胞兄弟姐妹。

（2）其他与该国家工作人员关系密切的人。形成“关系密切”的原因主要有以下四个方面：一是基于血缘关系的“沾亲带故”而形成“关系密切”。除了近亲属之外，还应包括其他直系血亲关系，三代以内的旁系血亲、近姻亲关系等。二是基于地域关系而形成“关系密切”。三是基于职业关系的“支援协作”而形成的“密切关系”。人们在社会生活中从事各种职业，进入一种行业，这种业务之间的频繁交往，就必然会逐渐形成同事关系、上下级关系、合作关系、配合与协作关系等等。四是基于特殊情感关系而形成的“关系密切”。人际关系中除金钱关系之外，还有感情因素，少数领导干部包养情妇，其情妇利用其影响力大肆进行不法活动。

（3）离职的国家工作人员或者其近亲属以及其他与其关系密切的人。

2. 客观要件

本罪在客观方面表现为两种情况：一是国家工作人员的近亲属、关系密切的人通过国家工作人员职务上的行为，或者利用该国家工作人员职权或地位形成的便利条件，通过其他国家工作人员职务上的行为，为请托人谋取不正当利益，而索取请托人财物或收受请托人财物。

二是离职的国家工作人员或者其近亲属、关系密切的人为主体时表现为利用该离职的国家工作人员原职权或者地位形成的便利条件，为请托人谋取不正当利益，索取请托人财物或者收受请托人财物的行为。

所谓不正当利益是指谋取违反法律、法规、国家政策和国务院各部门规章规定的利益，以及要求国家工作人员或者有关单位提供违反法律、法规、国家政策和国务院各部门规章规定的帮助和方便条件。

3．主观要件

本罪在主观方面行为人是出于故意，其目的是索取或收受请托人财物。本罪的故意内容应当包括两个方面：一是故意以影响力为请托人谋取不正当利益；二是以占有请托人财物为目的。

4．客体要件

本罪侵犯的客体是职务行为的正当性。

（三）处罚

国家工作人员的近亲属或者其他与该国家工作人员关系密切的人，通过该国家工作人员职务上的行为，或者利用该国家工作人员职权或者地位形成的便利条件，通过其他国家工作人员职务上的行为，为请托人谋取不正当利益，索取请托人财物或者收受请托人财物，数额较大或者有其他较重情节的，处三年以下有期徒刑或者拘役，并处罚金；数额巨大或者有其他严重情节的，处三年以上七年以下有期徒刑，并处罚金；数额特别巨大或者有其他特别严重情节的，处七年以上有期徒刑，并处罚金或者没收财产。

离职的国家工作人员或者其近亲属以及其他与其关系密切的人，利用该离职的国家工作人员原职权或者地位形成的便利条件实施前款行为的，依照前款的规定定罪处罚。

三、典型案例

李某是某市国土资源局局长刘某的司机。2008 年 9 月 27 日，某酒店因违法用地被某市国土资源局行政处罚罚款 1177060 元。

某酒店副总经理邓某为减少罚款找到市国土局法规科科长石某帮忙。石某认为李某是刘局长身边的人，可在该事中帮忙，便于 2009 年 2 月的一天，在该市公园路的迪欧咖啡厅介绍某酒店上属母公司的副总经理李某、某酒店副总经理邓某与李某认识，并请李某帮忙处理酒店违法用地罚款的事。在多次见面后，李某表示会尽力帮忙。同年 3 月的一天晚上，石某邀请李某到迪欧咖啡厅与邓某、李某见面，邓某等人提出拿十万元人民币给李某，让其帮忙处理某酒店违法用地罚款的事，李某默认。

同年 4 月 23 日下午，邓某打电话给李某，说十万元钱已准备好，李某和其朋友姚某按约定来到某茶楼，并借故离开，让其朋友姚某代其收取邓某所送的人民币十万元。随后，李某从姚某手中拿到这十万元用于房屋装修等个人支出。后李某称某酒店找了自己及省纪委其叔叔的战友，要刘局长对酒店少罚点款。2009 年 6 月 26 日，国土局以酒店违法用地行政处罚罚款 390797 元。法院另查明，2010 年 1 月 12 日，李某到检察院投案，并如实供述了自己的罪行，同年 2 月 2 日，李某在上海将人民币十万元退回给邓某。法院经审理后作出判决，以被告人李某犯利用影响力受贿罪，判处其有期徒刑一年十个月，缓刑两年，并处罚金人民币五万元。

【案件评析】

本案中，被告人李某通过与其关系密切的国家工作人员职务上的行为，为请托人谋取不正当利益，收受请托人财物，其行为已构成利用影响力受贿罪，鉴于其有自首情节，且已全部退清赃款，可对其从轻处罚，遂依法作出上述判决。

☆“行贿罪”解读

一、立法背景

行贿者为谋取不正当利益，以贿赂手段拉拢、腐蚀国家工作人员，侵害了国家工作人员职务行为的廉洁性，妨碍国家管理活动的正常进行。行贿行为是腐败现象滋生、蔓延的重要促成因素之一。预防和惩治腐败，必须对行贿、受贿行为予以严厉惩处。

二、条文解读

（一）概念

行贿罪是指为谋取不正当利益，给予国家工作人员以财物的行为。

（二）构成

1．主体要件

本罪的主体是一般主体，包括个人和单位。

2．客观要件

本罪的客观要件表现为行为人为谋求不正当利益，给予国家机关、国有公司、企业、事业单位、人民团体财物的行为，或者在经济往来中，违反国家规定，给予国家工作人员数额较大的财物或者各种名义的回扣、手续费的行为。

3．主观要件

本罪的主观方面是直接故意。向单位行贿的目的，是使国家机关、国家公司、企业、事业单位、人民团体利用职务上的便利，为自己谋取不正当利益。

4．客体要件

本罪侵犯的客体是国家机关或者国有公司、企业、事业单位、人民团体的正常管理活动。

（三）处罚

对犯行贿罪的，处五年以下有期徒刑或者拘役；因行贿谋取不正当利益，情节严重的，或者使国家利益遭受重大损失的，处五年以上十年以下有期徒刑；情节特别严重的，处十年以上有期徒刑或者无期徒刑，可以并处没收财产。

行贿人在被追诉前主动交代行贿行为的，可以减轻处罚或者免除处罚。

三、典型案例

2002 年 5 月，某镇政府以每年五万元的价格将其所属的两处矿山承包给王某经营,2004 年 3 月份，马某为低价承包即将到期的两处矿山，找到该镇原党委书记许某（已处罚），要求以每年一万五千元的价格承包该两处矿山二十年，并许诺事成之后付给许某十五万元“好处费”。同年 8 月 6 日，在许某的主持下，马某如愿的以三十万元签下两处矿山的二十年经营权。事隔两月后，马某将五万元“好处费”送到了许某的手中，2005 年 2 月，许某到马某家中再次取走“好处费”四万元。

法院经审理认为，马某为低价承包矿上开采，谋取不正当利益，给予国家工作人员财物，构成行贿罪，鉴于其在案发后能如实供述犯罪事实，遂从轻作出判处。

【案件评析】

本案中，马某的行为符合行贿罪的构成要件：首先，马某具有刑事责任能力，且年满十六周岁；其次，马某主观上出于直接故意，目的是为了低价获得矿山承包经营权；再次，马某为了谋取不正当利益，实施了向国家机关工作人员行贿的行为；最后，马某的行为侵犯了国家机关的正常活动。因此，马某的行为构成行贿罪，依法应受到刑事处罚。

☆“对单位行贿罪”解读

一、立法背景

刑法第三百八十七条规定了单位受贿罪，刑法第三百九十一条规定了对单位行贿罪。

二、条文解读

（一）概念

对单位行贿罪，是指为谋取不正当利益，给予国家机关、国有公司、企业、事业单位、人民团体以财物，或者在经济往来中，违反国家规定，给予上述单位各种名义的回扣、手续费的行为。

（二）构成

1．主体要件

本罪的主体是一般主体，既可以是自然人，也可以是单位。

2．主观要件

本罪的主观方面表现为直接故意，且以谋取不正当利益为目的。

3．客观要件

本罪的客观方面有两种具体表现形式：一是给予国家机关、国有公司、企业、事业单位、人民团体以财物；二是在经济往来中，违反国家规定，给予国家机关、国有公司、企业、事业单位、人民团体各种名义的回扣、手续费。

4．客体要件

本罪侵犯的客体是国家机关、国有公司、企业、事业单位、人民团体等国有单位的正常管理活动。

（三）处罚

为谋取不正当利益，给予国家机关、国有公司、企业、事业单位、人民团体以财物的，或者在经济往来中，违反国家规定，给予各种名义的回扣、手续费的，处三年以下有期徒刑或者拘役。

单位犯前款罪的，对单位判处罚金，并对其直接负责的主管人员和其他直接责任人员，依照前款的规定处罚。

三、典型案例

2007年5月，陕西康城医药有限公司负责人井洁，为增大其公司在西安医科大学第一附属医院（以下简称交大一附院）中标的药品“氨曲南”的销售量，与安某达成口头协议，约定由安某在交大一附院为其经销的药品“氨曲南”进行促销，安某每促销一支“氨曲南”针剂，井洁给安某提成23元。被告人安某为增加其促销的药品“氨曲南”在交大一附院烧伤科的销售量，向该科医生何佑成承诺对该科使用的“氨曲南”药品给予回扣。何佑成经请示科主任徐龙顺后表示同意。后烧伤科加大了“氨曲南”的使用数量，自2007年5月至2008年11月，交大一附院烧伤科共给患者使用“氨曲南”针剂9252支。安某按照事前约定，以每支约20元（后因药价调低，安某给烧伤科的回扣款有所下降）的回扣额共给交大一附院烧伤科回扣款180619元。何佑成依科主任徐龙顺的指示，将此款存入其保管的烧伤科“小金库”后分给烧伤科的医生、护士，并将其中部分款项留给烧伤科。人民检察院向法院提起公诉，法院审理后认为安某构成向单位行贿罪，判处有期徒刑二年，缓刑三年。

【案件评析】

本案中，被告人安某为能得到更多的药品促销提成款，采用给交大一附院烧伤科回扣款的手段促销药品“氨曲南”，其行为触犯了《中华人民共和国刑法》第三百九十一条第一款的规定，构成对单位行贿罪，依法应予惩处。为打击药品回扣的犯罪行为，维护正常的社会医疗秩序，法院依照《中华人民共和国刑法》第三百九十一条第一款、第七十二条第一款、第七十三条第二、三款和最高人民法院、最高人民检察院、司法部《关于适用普通程序审理“被告人认罪案件”的若干意见（试行）》第九条的规定作出的判决是正确的。

☆"介绍贿赂罪"解读

一、立法背景

介绍贿赂者对促成权钱交易起到了重要作用，介绍贿赂者甚至是权钱交易的始作俑者。因此，刑法将介绍贿赂情节严重的规定为犯罪。

二、条文解读

（一）概念

介绍贿赂罪是指在行贿人和受贿人之间进行联系、沟通，促使贿赂得以实现的行为。

（二）构成

1．主体要件

本罪的犯罪主体是一般主体，即达到刑事责任年龄，具备刑事责任能力的自然人实施介绍贿赂行为，均可构成本罪主体。

2．客观要件

行为人客观上具有帮助行贿人与受贿人沟通关系，促使行贿实现的行为。

3．主观要件

行为人主观上有介绍贿赂的故意。如果行为人主观上没有故意，而从中帮忙联系，即使请托人事实上实施了行贿行为，行为人也不构成介绍贿赂罪。

4．客体要件

本罪侵犯的客体是国家工作人员职务行为的廉洁性和职务行为的不可收买性，直接扰乱国家机关的正常工作秩序和正常管理秩序。

（三）处罚

向国家工作人员介绍贿赂，情节严重的，处三年以下有期徒刑或者拘役。

介绍贿赂人在被追诉前主动交代介绍贿赂行为的，可以减轻处罚或者免除处罚。

三、典型案例

2010年11月，某摄影旅业中心面临改制，员工罗某找到经理隋某，表示想购买该中心，希望隋经理能帮个忙。隋某随即将罗某介绍给时任某区饮食服务行业管理办公室主任的董某。在隋某的点拨、介绍下，罗某以一万元的代价顺利地成为了某摄影旅业中心的购买人。当年12月，在某摄影旅业中心的改制和债务减免报告审批期间，隋某再次介绍罗某向董光行贿一万元。2011年1月13日，隋某被某区法院以介绍贿赂罪判处拘役四个月，缓刑六个月。

【案件评析】

实践中，“贿托”的行为是钱权交易的滋生物。在一些风气不正的部门或地方，权力是一种抢手的资源，但能接近握权者的人并不多，而四处烧香求人者倒是不少。这时，就出现了从中牵线搭桥的人——“贿托”。有人以为，这种帮忙拉关系的行为并没有什么大不了的，但其实法律对这种行为同样会予以追究。

介绍贿赂罪的立案标准为，介绍个人向国家工作人员行贿数额在二万元以上的；介绍单位向国家工作人员行贿，数额在二十万元以上的；介绍贿赂数额虽然不足上述标准，但具有其他严重情节的。

☆“单位行贿罪”解读

一、立法背景

实践中，单位向国家工作人员行贿的犯罪也时有发生。虽然单位行贿谋求的利益归于单位，但这种行为同样具有很强的社会危害性，侵害了国家工作人员职务行为的廉洁性，妨碍国家正常管理活动的进行，因此，刑法对单位行贿情节严重的予以处罚。

二、条文解读

（一）概念

单位行贿罪，是指单位为谋取不正当利益而行贿，或者违反国家规定，给予国家工作人员以回扣、手续费，情节严重的行为。

（二）构成

1．主体要件

本罪的主体是单位，具体包括国有公司、企业、事业单位、机关、团体、集体所有制企业、中外合作企业、有限公司、外资公司、私营公司等。

2．客观要件

本罪的客观要件表现为单位为谋取不正当利益而行贿，或者违反国家规定，给予国家工作人员以回扣、手续费等情节严重的行为。

3．主观要件

本罪在主观方面表现为直接故意。

4．客体要件

本罪侵犯的客体主要是国家机关、公司、企业、事业单位和团体的正常管理活动和职能活动及声誉。

（三）处罚

单位为谋取不正当利益而行贿，或者违反国家规定，给予国家工作人员以回扣、手续费，情节严重的，对单位判处罚金，并对其直接负责的主管人员和其他直接责任人员，处五年以下有期徒刑或者拘役。因行贿取得的违法所得归个人所有的，依照刑法第三百八十九条、第三百九十条的规定定罪处罚。

三、典型案例

虹城公司是一家房地产开发公司，2001 年 1 月，虹城公司开发的“大园小区”缺少相关资料，为提前预售经济适用房，该公司法人代表吴某向该市物价局房地产价格管理科原副科长周某某行贿十五万元，要求办理经济适用房预售联系函。同年 8 月，吴某再次找到周某某，行贿十万元，要求帮助尽快办理普通住宅价格认证。此外，2001 年 1 月至 2004 年 9 月间，吴某及副经理周某先后十次向该市物价局原副局长余某、石某以及市建委原主任李某、市规划局原局长姚某等行贿，数额达七十万元。

法院认为，该公司法人代表吴某及副经理周某都参与了行贿，均构成单位行贿罪。但考虑到吴某、周某有自首行为及悔罪态度较好，遂判处被告虹城公司犯单位行贿罪，处罚金一百四十万元；吴某犯单位行贿罪，判处有期徒刑一年半；副经理周某犯单位行贿罪、受贿罪，数罪并罚，判处有期徒刑四年，并处没收财产五万元。被告吴某、周某不服，上诉至安庆市中级人民法院，安庆市中级人民法院驳回上诉，维持原判。

【案件评析】

本案中，虹城公司作为一家房地产公司，为了达到提前预售不符合条件的经济适用房等不法目的，多次向国家机关工作人员行贿，金额高达七十万元。根据刑法第三百九十三条的规定，虹城公司的行为已经构成单位行贿罪。故虹城公司及直接负责人应承担相应的刑事责任。

☆“巨额财产来源不明罪”解读

一、立法背景

1988年全国人民代表大会常务委员会《关于惩治贪污罪贿赂罪的补充规定》中规定国家工作人员应当如实申报自己的财产，必要时对自己的财产来源能够作出合理说明。1997年刑法修订时规定巨额财产来源不明罪。刑法修正案（七）再次对其进行修改。

二、条文解读

（一）概念

巨额财产来源不明罪是指国家工作人员的财产、支出明显超过合法收入，差额巨大，本人不能说明其来源的行为。

（二）构成

1．主体要件

本罪的主体是国家工作人员，包括在国家机关、国有公司、企业、事业单位、人民团体中从事公务的人员和国家机关、国有公司、企业、事业单位委派到非国有公司、企业、事业单位、社会团体从事公务的人员，以及其他依照法律从事公务的人员。

2．客观要件

本罪的客观要件为国家工作人员的财产或支出明显超过合法收入，且差额巨大，本人不能说明其合法来源。

国家工作人员的财产是指国家工作人员私人所有的房屋、车辆、存款、现金、股票、生活用品等。支出是指各种消费及其他开支。超过合法收入是指国家工作人员的财产、支出数额，明显超过其工资、奖金、津贴以及其他依照国家规定取得的报酬的数额。

3．主观要件

本罪的主观要件是行为人具有故意。

4．客体要件

本罪侵犯的首要客体是国家工作人员职务行为的廉洁性。其次，本罪侵害了社会主义的财产关系，侵犯了国有财产、集体财产和公民个人的财产所有权。

（三）处罚

国家工作人员的财产、支出明显超过合法收入，差额巨大的，可以责令该国家工作人员说明来源，不能说明来源的，差额部分以非法所得论，处五年以下有期徒刑或者拘役；差额特别巨大的，处五年以上十年以下有期徒刑。财产的差额部分予以追缴。

三、典型案例

2001 年至 2006 年，王某在担任某市秘书长、副市长、常务副市长期间，利用职务之便，收受他人财物，为他人谋取利益，受贿犯罪 20 起，受贿款、物折合人民币 34.5 万元。2006 年 10 月 24 日、11 月 6 日，检察机关在某市道里区地文街 8 号被告人王某住处依法搜查，扣押其涉嫌犯罪财产中，有人民币 30.1 万余元属于明显超过王的合法收入，数额巨大，王某又不能说明其来源合法。某市中级人民法院审理认为：被告人王某利用职务之便，收受他人财物，为他人和单位谋取利益，受贿 18 起，受贿款物合计人民币 33.5 万元，其行为已构成受贿罪。有 30.1 万余元巨额财产明显超过其合法收入，且不能说明来源合法，故构成巨额财产来源不明罪。

【案件评析】

本案中，除受贿罪外，王某还构成巨额财产来源不明罪。在清查、核实行为人的财产来源时，司法机关应当尽量查清其财产是通过何种非法方式取得的，如果能够查清其财产是以贪污、受贿或者其他犯罪方法取得的，应当按照贪污、受贿或者其他犯罪追究刑事责任。只有在确实无法查清其巨额财产非法来源的情况下，本人又不能说明差额巨大的来源的，才按照巨额财产来源不明罪进行追究。本案中，除去王某受贿所得，仍有 30.1 万余元巨额财产明显超过其合法收入，且不能说明来源合法，故构成巨额财产来源不明罪。

☆“隐瞒境外存款罪”解读

一、立法背景

国家工作人员按照规定申报境外存款，是国家工作人员财产申报制度的要求，是国家工作人员的义务。因此，我国刑法将国家工作人员在境外的存款数额较大、隐瞒不报的行为规定为犯罪。

二、条文解读

（一）概念

隐瞒境外存款罪是指国家工作人员在境外的存款数额较大、隐瞒不报的行为。

（二）构成

1．主体要件

本罪的主体是国家工作人员。

2．客观要件

本罪的客观要件表现为行为人隐瞒境外的存款，不按照国家规定申报，数额较大的行为。

3．主观要件

本罪行为人主观上是直接故意。

4．客体要件

本罪侵犯的首要客体是国家工作人员职务行为的廉洁性。其次，本罪侵害了社会主义的财产关系，侵犯了国有财产、集体财产和公民个人的财产所有权。

（三）处罚

国家工作人员在境外的存款，应当按照国家规定申报。数额较大、隐瞒不报的，处二年以下有期徒刑或者拘役；情节较轻的，由其所在单位或者上级主管机关酌情给予行政处分。

三、典型案例

2010 年，张某在担任某区供销合作总社主任期间，以其妻子名义在香港汇丰银行存入巨额外币，并一直没按国家规定向主管部门如实申报。后来，他又将存款转汇到美国。不久，张某被立案侦查，检察机关从张某的境外账户内查获折合人民币 344 万多元的港币及美元存款。2010 年年底法院一审宣判，张某构成隐瞒境外存款罪，和贪污、受贿、巨额财产来源不明罪数罪并罚，判处其有期徒刑二十年。

【案件评析】

根据我国刑法，国家工作人员应按规定如实申报个人财产，瞒报真实收入，未经申报在境外银行存款数额较大的就可能构成该罪。本案中，张某的行为符合隐瞒境外存款罪的构成要件，因此构成隐瞒境外存款罪。

☆“私分国有资产罪”解读

一、立法背景

实践中，一些国有单位利用经营、管理国有资产的便利，违反国家规定，将国有资产以奖金、劳务费、提成等各种名目集体私分的案件时有发生。这种行为实际上是侵吞国有资产的行为，严重损害国家利益，因此，刑法予以禁止。

二、条文解读

（一）概念

私分国有资产罪是指国家机关、国有公司、企业、事业单位、人民团体，违反国家规定，以单位名义将国有资产集体私分给个人，数额较大的行为。

（二）构成

1．主体要件

本罪的主体是国家机关、国有公司、企业、事业单位、人民团体。

2．客观要件

本罪的客观方面表现为国有单位违反国家规定，以单位名义将国有资产集体私分给个人。“以单位名义将国有资产集体私分给个人”是指由单位负责人决定，或者单位决策机构集体讨论决定，分给单位所有职工。如果只是负责人暗中私分，则不构成本罪，应当按照贪污罪追究行为人的刑事责任。另外，私分国有资产必须达到数额较大，才能构成本罪。

3．主观要件

本罪在主观方面是直接故意犯罪。行为人须有明知是国有资产而故意违反国家规定，将其集体私分给个人的故意。

4．客体要件

本罪所侵犯的直接客体是国有资产的管理制度及其所有权。

（三）处罚

国家机关、国有公司、企业、事业单位、人民团体，违反国家规定，以单位名义将国有资产集体私分给个人，数额较大的，对其直接负责的主管人员和其他直接责任人员，处三年以下有期徒刑或者拘役，并处或者单处罚金；数额巨大的，处三年以上七年以下有期徒刑，并处罚金。

三、典型案例

黄某是某市某区电力局局长，从2006年到2010年6月，黄某等人从某区电力局下属的多家单位入“账外账”共约1.0523亿余元。从2007年10月至2010年间，他们共以工程节余款、专项奖励名义私分给电力局职工4220.1万余元。另外，黄某被指控在担任某电力工业局某区供电局局长、党委书记期间，利用主管全面工作的职务便利，多次收受贿赂款共计人民币94.3万余元和港币13.2万余元。某市中级人民法院认定黄某私分国有资产罪和受贿罪成立，依法一审判处黄某无期徒刑。

【案件评析】

本案中，黄某身为国家机关工作人员，以单位名义将收取的“账外账”以工程结余款、专项奖励等形式私分给本单位职工，其行为已经构成私分国有资产罪。

本案例中，需要注意的是，此处的“账外账”表面上看不属于国有资产，但实质上，其是黄某等人截留的国有资产。因此，以单位名义将收取的“账外账”私分给本单位职工的行为依然构成私分国有资产罪。

☆“私分罚没财物罪”解读

一、立法背景

司法机关、行政执法机关依法罚没的财物属于国家所有，应当按照规定上缴财政。司法机关、行政执法机关违反规定以单位名义集体私分给个人的行为严重侵害了国家利益，因此刑法作出了相应的处罚规定。

二、条文解读

（一）概念

私分罚没财物罪是指司法机关、行政执法机关违反国家规定，将应当上缴国家的罚没财物，以单位名义集体私分给个人的行为。

（二）构成

1. 主体要件

本罪的主体是司法机关、行政执法机关。司法机关具体是指人民法院、人民检察院、公安机关。行政执法机关主要是指依照行政处罚法规定，对公民和单位有行政处罚权的行政机关，如工商、税务、海关等行政部门。

2．客观要件

本罪的客观方面表现为司法机关、行政执法机关违反国家规定，将应当上缴国家的罚没财物，以单位名义集体私分给个人。

3．主观要件

本罪在主观方面表现为故意，即司法机关、行政执法机关明知罚没财物应依照有关国家规定上缴国库，但仍以单位名义集体私分给个人的行为。

4．客体要件

本罪侵犯的客体是职务行为的廉洁性和国家财产的所有权。

（三）处罚

犯私分罚没财物罪，数额较大的，对其直接负责的主管人员和其他直接责任人员，处三年以下有期徒刑或者拘役，并处或者单处罚金；数额巨大的，处三年以上七年以下有期徒刑，并处罚金。

三、典型案例

杨某是某市工商行政管理局局长。杨到任后认为要树立威信，必须提高全体工作人员的奖金与福利，于是召集两个副局长吴某、李某开会研究办法，决定设立单位“小金库”，用来给大家发奖金，方法是采取对罚没款和没收的财物少开发票，少登记入账，截留部分罚没财物。从2008年11月至2009年4月，该局共私自截留应上缴的罚没财物十五万六千元，分五次以单位名义分给全体工作人员。其中三个局长每人分得三万元。该市人民检察院以贪污罪对被告人杨某、吴某、李某提起公诉，该市人民法院认为检察机关定性有误，以私分罚没财物罪判处杨某有期徒刑三年，并处罚金人民币一万元；判处吴某、李某有期徒刑各二年，并处罚金人民币各六千元。

【案件评析】

近年来，以单位名义集体私分国有资产或者罚没收入的现象在实践中比较普遍，成为国有资产流失的一个重要渠道。由于这种行为涉及人数多，数额大，造成的国有资产的严重流失及其社会危害性与贪污不相上下。将这种行为在刑法中明确规定为犯罪，不仅可以有效保护国有资产，而且可以通过查办惩处此类违纪违法行为，向社会昭示其严重的危害性，动员群众抵制和制止私分国有资产的违纪违法行为。本案中，杨某作为工商局的直接责任人员，违反规定将部分罚没财物截留后，以奖金的名义将国有资产私分给个人，其行为构成私分国有资产罪。

第十节　渎职罪概述

一、渎职罪的概念

渎职罪是指国家机关工作人员，滥用职权、玩忽职守、徇私舞弊，妨害国家机关的正常活动，致使国家和人民利益遭受重大损失的行为。

二、渎职罪的特征

（一）本罪侵犯的客体是国家机关的正常活动

由于本类罪的犯罪主体是国家机关工作人员，其滥用职权、玩忽职守、徇私舞弊的行为，不仅必然妨碍国家机关的正常管理活动，使国家机关的形象和威信受到损害，而且将严重损害国家和人民的利益。

（二）本类犯罪在客观方面上表现为滥用职权、玩忽职守、徇私舞弊的行为

本罪在表现形式上，既可以是作为，如徇私枉法罪；也可以是不作为，如失职造成珍贵文物损毁、流失罪。无论是作为还是不作为，都必须与职务活动或公务活动相联系。如果行为人的犯罪行为与其职务和公务活动无关，则不能构成本类犯罪。

根据刑法的规定，本类罪中的多数犯罪都必须具有严重情节或者造成严重后果，否则，不能以犯罪论处。前者如泄露国家秘密罪，后者如玩忽职守罪。

（三）本类犯罪的主体为特殊主体，即只能是国家机关工作人员

但有个别犯罪的主体也可以是非国家机关工作人员，如泄露国家秘密罪。

（四）本类犯罪在主观方面既可以是故意，也可以是过失

三、渎职罪的种类

根据渎职罪的客观表现形式，可以将渎职罪分为以下三类犯罪：

（一）滥用职权型渎职罪。包括滥用职权罪，故意泄露国家秘密罪，私放在押人员罪，违法发放林木采伐许可证罪，办理偷越国（边）境人员出入境证件罪，放行偷越国（边）境人员罪，阻碍解救被拐卖、绑架妇女、儿童罪，帮助犯罪分子逃避处罚罪。

（二）玩忽职守型渎职罪。包括玩忽职守罪，过失泄露国家秘密罪，失职致使在押人员脱逃罪，国家机关工作人员签订、履行合同失职被骗罪，环境监管失职罪，传染病防治失职罪，商检失职罪，动植物检疫失职罪，不解救被拐卖、绑架妇女、儿童罪，失职造成珍贵文物损毁、流失罪。

（三）徇私舞弊型渎职罪。包括徇私枉法罪，民事、行政枉法裁判罪，执行裁判玩忽职守、滥用职权罪，徇私舞弊减刑、假释、暂予监外执行罪，徇私舞弊不移交刑事案件罪，滥用管理公司、证券职权罪，徇私舞弊不征、少征税款罪，徇私舞弊发售发票、抵扣税款、出口退税罪，违法提供出口退税凭证罪，非法批准征用、占用土地罪，非法低价出让国有土地使用权罪，放纵走私罪，商检徇私舞弊罪，动植物检疫徇私舞弊罪，放纵制售伪劣商品犯罪行为罪，招收公务员、学生徇私舞弊罪。

☆“滥用职权罪”解读

一、立法背景

国家机关工作人员依法负有管理国家和社会公共事务的职权，法律赋予国家机关工作人员的职权，是为了能够更好地为人民服务。国家机关工作人员在行使职权过程中，应当严格遵守法律，恪尽职守，为人民服务。然而，实践中存在国家机关工作人员滥用职权、玩忽职守的情形，据此，刑法作出了相关规定。

二、条文解读

（一）概念

滥用职权罪是指国家机关工作人员违反法律规定的权限和程序，滥用职权或者超越职权，致使公共财产、国家和人民利益遭受重大损失的犯罪。

（二）构成

1．主体要件

本罪的主体是国家机关工作人员。国家机关工作人员是指在国家机关中从事公务的人员。“国家机关”是指国家权力机关、行政机关、司法机关、军事机关。2002年12月28日全国人大常委会《关于渎职罪主体适用问题的解释》对渎职罪的主体作出了立法解释。根据该解释，渎职罪的主体包括：(1) 依照法律、法规规定行使国家行政管理职权的组织中从事公务的人员；(2) 在受国家机关委托代表国家行使职权的组织中从事公务的人员；(3) 虽未列入国家机关人员编制但在国家机关中从事公务的人员。根据这一解释，滥用职权罪的主体也包括上述人员。

2．客观要件

本罪的客观方面表现为滥用职权。具体表现为以下两种情形：一是违反法律规定的权限行使职权；二是违反法律规定的程序行使职权。滥用职权致使公共财产、国家和人民利益遭受重大损失的，构成滥用职权罪。是否造成重大损失是区分罪与非罪的标准。未造成重大损失的，属于一般工作过失的渎职行为，可以由有关部门批评教育或者给予行政处分。

3．主观要件

本罪的主观方面是出于故意。滥用职权是明知是违反法律规定的权限和违反法律规定的程序而滥用职权，或者明知是应当履行职责而不实施职务行为。滥用职权行为本身是故意的，但只有在致使公共财产、国家和人民利益遭受重大损失的情况下才构成犯罪。

4．客体要件

本罪侵犯的客体是国家机关正常的管理活动。滥用职权罪往往同时侵犯了公民的权利和社会主义市场经济秩序，但是该罪侵犯的主要客体还是国家机关的正常管理活动。

（三）处罚

国家机关工作人员滥用职权或者玩忽职守，致使公共财产、国家和人民利益遭受重大损失的，处三年以下有期徒刑或者拘役；情节特别严重的，处三年以上七年以下有期徒刑。刑法另有规定的，依照规定。

国家机关工作人员徇私舞弊，犯前款罪的，处五年以下有期徒刑或者拘役；情节特别严重的，处五年以上十年以下有期徒刑。刑法另有规定的，依照规定。

三、典型案例

荀某，原遵义县某镇国土资源所所长。2003 年遵义市某公司持有贵州省国土资源厅颁发的《矿产资源勘查许可证》在遵义县某镇探查钼镍矿，2004 年该公司开始采取转包探矿权等手段进行以采代探、乱挖滥采，2005 年，个体户黄某等人同样持贵州省国土资源厅颁发的《矿产资源勘查许可证》在遵义县某镇乱挖滥采钼镍矿，至当年 7 月，造成遵义县某镇境内矿产资源被破坏价值达 662 万余元。期间，身为遵义县某镇国土资源所所长的苟某，明知某公司及黄某等人不具备合法的开采许可手续，在以遵义县某镇国土资源所的名义收取某公司及黄某等人“临时用地费”、“复耕费”等费用 29.5 万元后，对某公司及黄某等人违法占地非法开采矿产资源以及金某公司非法转包探矿权的行为不制止、不处罚、不报告，并自制、填发《矿产准运证》，违法为金某公司非法运输钼镍矿提供帮助，放任并支持乱挖滥采。经遵义县检察院立案侦查、审查起诉并提起公诉后，法院依法进行审理，以滥用职权罪判处苟某有期徒刑一年。

【案件评析】

本案中，苟某身为国家机关工作人员，不正确履行职责，明知金某公司及黄某等人无合法开采矿产的手续，为收取费用，对乱采滥挖行为不制止、不报告、不处罚，违法为金某公司非法运输钼镍矿提供帮助，放任并支持乱挖滥采，导致国家矿产资源遭到破坏，并造成恶劣的社会影响，其行为已构成滥用职权罪。

☆“玩忽职守罪”解读

一、立法背景

国家机关工作人员依法负有管理国家和社会公共事务的职权，法律赋予国家机关工作人员的职权，是为了能够更好地为人民服务。国家机关工作人员在行使职权过程中，应当严格遵守法律，恪尽职守，为人民服务。然而，实践中存在国家机关工作人员滥用职权、玩忽职守的情形，据此，刑法作出了相关规定。

二、条文解读

（一）概念

玩忽职守罪是指国家机关工作人员不履行、不正确履行或者放弃履行职责，致使公共财产、国家和人民利益遭受重大损失的犯罪。

（二）构成

1．主体要件

本罪的主体是国家机关工作人员。国家机关工作人员是指在国家机关中从事公务的人员。此外，同样包括全国人大常委会《关于渎职罪主体适用问题的解释》中规定的人员，包括：(1) 依照法律、法规规定行使国家行政管理职权的组织中从事公务的人员；(2) 在受国家机关委托代表国家行使职权的组织中从事公务的人员；(3) 虽未列入国家机关人员编制但在国家机关中从事公务的人员。根据这一解释，玩忽职守罪的主体也包括上述人员。

2．客观要件

本罪的客观方面表现为不履行或者不认真履行职责。不履行职责是一种不作为的玩忽职守行为，表现为行为人应当履行或者能够履行但不履行职责，例如擅离职守、放弃职守、拒绝履行职责或者不及时履行职责等。不认为履行职责表现为行为人虽然履行了职责，但是不严肃认真对待其职责，以致错误地履行了职责。玩忽职守的结果是导致公共财产、国家和人民利益遭受重大损失。

3．主观要件

本罪的主观要件是过失。此处的过失是指应当预见自己玩忽职守的行为可能致使公共财产、国家和人民利益遭受重大损失，因为疏忽大意而没有预见，或者已经预见而轻信能够避免，以致发生玩忽职守后果的心理状态。

4．客体要件

本罪侵犯的客体是国家机关的正常管理活动。

（三）处罚

国家机关工作人员滥用职权或者玩忽职守，致使公共财产、国家和人民利益遭受重大损失的，处三年以下有期徒刑或者拘役；情节特别严重的，处三年以上七年以下有期徒刑。刑法另有规定的，依照规定。

国家机关工作人员徇私舞弊，犯前款罪的，处五年以下有期徒刑或者拘役；情节特别严重的，处五年以上十年以下有期徒刑。刑法另有规定的，依照规定。

三、典型案例

某日凌晨1点左右，李某与王某在二楼打架，李某被王某推倒摔至一楼。李某摔到一楼后，后脑受伤但表面上无法看出，只是有呕吐现象。事后围观群众拨打“110”，后“110”民警陈某将李某送至医院，但陈某不知李某被殴打以及摔倒经过，从李某呕吐散发出一股类似酒味的情形判定李某为酒醉至此。但医生发现李某存在异常情况，建议给李某验血。此时李某处于昏迷状态，陈某检查李某身上没钱，又没有任何身份证明，无法与其家人联系，就拒绝了医生的要求，将其放置于醒酒室。凌晨5点，李某因为脑部受伤导致死亡。事后，法医鉴定认为，如果当时立即救治，李某将不会死亡。陈某的行为构成玩忽职守罪。

【案件评析】

根据我国刑法和最高人民检察院《关于渎职侵权案件立案标准的规定》，陈某的行为符合玩忽职守罪的要求。

首先，陈某主观方面是过于自信的过失。在本案中，出于李某身上散发出类似于醉酒的气味，陈某主观上先入为主地认为其昏迷是喝醉酒所致。面对生命权这样重要的法益，陈某对医生的验血检查建议轻易地进行否定，符合刑法上关于过于自信过失的要件。

其次，陈某的业务水平高低不能成为其法律免责的阻却事由。因为陈某可以借助医生的能力来履行自己的职责。陈某明知李某可能存在一定的健康问题，但由于李某身上没钱，为了减少不必要的麻烦，而放弃了验血的想法，这从一个侧面证明了陈某并非仅仅只是业务能力不强，而是在工作中存在过失。

最后，玩忽职守罪的主观方面表现为过失。陈某应当预见自己玩忽职守的行为可能发生使李某的生命权法益遭受重大侵害的危害结果，并且已经预见而轻信能够避免。陈某的行为在主观上是一种职责过失，主要表现为应当帮助李某挽回生命却没有尽到应尽的职责，导致了李某死亡的后果发生。因此，陈某的主观心理态度符合玩忽职守罪的主观方面要求，因而构成玩忽职守罪。

☆“过失泄露国家秘密罪”解读

一、立法背景

国家秘密关系到国家安全和利益，保守国家秘密是宪法规定的公民的义务。国家机关工作人员对其了解和知悉的国家秘密，更应该严格保守，不得泄露。另外，一些非国家工作人员出于各种原因也可能接触到国家秘密。国家秘密泄露，将会给国家安全和利益带来严重威胁。因此，刑法对泄露国家秘密须承担的刑事责任作出了规定。

二、条文解读

（一）概念

过失泄露国家秘密罪，是指国家机关工作人员或者非国家机关工作人员违反保守国家秘密法，过失泄露国家秘密，或者遗失秘密文件，致使国家秘密被不应知悉者知悉或者超出了限定的接触范围，情节严重的行为。

（二）构成

1．主体要件

本罪的主体一般情况下为特殊主体，因为通常情况下只有国家机关工作人员才能掌握、了解国家秘密。但同时刑法规定非国家机关工作人员过失泄露国家秘密的，也构成本罪。

2．客观要件

本罪在客观方面表现为违反国家保密法的规定，过失泄露国家秘密，情节严重的行为。所谓过失泄露，是指行为人应当预见自己的行为可能发生国家秘密的泄露，造成危害国家安全和利益的后果，因为疏忽大意而没有预见，或者已经预见而轻信能够避免，以致在保管、携带、传送国家秘密的过程中，使国家秘密外传或者遗失。过失泄露国家的具体方式多种多样，既可以是口头过失泄露，又可以是书面过失泄露；既可以交付原物的方式过失泄露，又可以采用密写、影印、拍摄、复印等方式过失泄露等，不论其方式如何，只要让不应知悉人知悉或者超过了限定的范围，即可构成过失泄露国家秘密罪。

3．主观要件

本罪在主观方面表现为过失，如果出于故意则成故意泄露国家秘密罪。过失，一般是因为疏忽大意、工作马虎、玩忽职守、违反保守国家秘密的有关规章制度等原因造成。

4．客体要件

本罪所侵害的客体是国家的保密制度。我国宪法规定，保守国家秘密，是每个公民应尽的义务。因此，一切公民、特别是国家工作人员，必须严格遵守国家的保密制度。

（三）处罚

国家机关工作人员违反保守国家秘密法的规定，故意或者过失泄露国家秘密，情节严重的，处三年以下有期徒刑或者拘役；情节特别严重的，处三年以上七年以下有期徒刑。

非国家机关工作人员犯前款罪的，依照前款的规定酌情处罚。

三、典型案例

郭某，男，某市市委办公室机要交通站通讯员。4 月 1 日，郭某作为机要交通站通讯员，本应将5号文件安全、及时送达到收发员孟某手中，由于工作责任心不强，未将5号机要文件交给收发员孟某，致使5号机要文件（其中绝密文件4份，秘密文件25份，内部文件14份）丢失。人民法院以过失泄露国家秘密罪对郭某作出有罪判决。

【案件评析】

本罪运用的法律条款是刑法第三百九十八条，本罪与故意泄露国家秘密罪的区别在于主观方面的不同。本罪的主观方面表现为过失。立案标准：（1）泄露绝密级国家秘密的；（2）泄露机密级国家秘密的；（3）泄露秘密级国家秘密三项以上，造成严重危害后果的；（4）泄露国家秘密或者遗失秘密文件不如实提供有关情况的；（5）其他情节严重的情形。非国家机关工作人员涉嫌过失泄露国家秘密犯罪行为的立案标准参照上述标准执行。

☆“徇私枉法罪”解读

一、立法背景

司法工作人员徇私枉法的行为严重损害了法律的尊严和权威，动摇了人民对法治的信息，极大地损害了司法公信力。因此，刑法对司法工作人员徇私枉法的行为规定了处罚。

二、条文解读

（一）概念

徇私枉法罪是指司法工作人员徇私枉法、徇情枉法，对明知是无罪的人而使他受追诉，对明知是有罪的人而故意包庇不使他受追诉，或者在刑事审判活动中故意违背事实和法律作枉法裁判的行为。

（二）犯罪构成

1．主体要件

本罪的主体是特殊主体，只能是司法工作人员。根据刑法第九十四条规定：司法工作人员是指负有侦查、检察、审判、监管职责的人员。

所谓司法机关是指行使国家赋予审判和法律监督权力的机关。在我国是人民法院、人民检察院和公安机关的总称。人民法院是国家的审判机关，依法行使审判权；人民检察院是国家的法律监督机关，依法行使检察权；负责部分刑事案件的侦查、拘留、预审。

2．客观要件

本罪在客观方面表现为在刑事诉讼中徇私枉法、徇情枉法的行为。所谓徇私枉法、徇情枉法，是指出于个人目的，为了私利私情，而故意歪曲事实，违背法律作错误裁判。根据刑法规定，徇私、徇情可以表现为下列三种具体形式：

（1）对明知是无罪的人使他受追诉。无罪的人包括以下几种：一是无违法犯罪事实的人；二是虽有违法行为，但依法不构成犯罪的人；三是构成犯罪但根据刑事诉讼法第十五条的规定依法不应追究的人。对明知无罪的人而使他受追诉是指在刑事诉讼过程中，司法工作人员在明知他人没有犯罪的情况下，却因徇私情对不该立案的立案，不该起诉的起诉，不该审判的审判。

(2) 对明知是有罪的人而故意包庇不使他受追诉。所谓有罪的人，是指构成犯罪且应当依法追究其刑事责任的人。对明知是有罪的人而故意包庇使他不受追诉是指在刑事诉讼中，司法工作人员在明知他人犯有罪行的情况下，却出于徇私情而不予追诉。

(3) 在刑事审判活动中故意违背事实和法律作枉法裁判。这种情况则仅发生在刑事审判过程中，只有刑事审判人员才能构成本罪。所谓枉法裁判，则是指有罪判无罪，无罪判有罪，多罪判少罪，少罪判多罪或者重罪轻判，轻罪重判等。这种行为具体表现为搜集、制造假的证据材料；篡改、销毁足以证明事实真相的证据材料；曲解或者滥用法律条文，违反诉讼程序等。司法工作人员有上述行为，情节严重的，才构成本罪。

3．主观要件

本罪在主观方面表现为直接故意，要求必须是“明知”，过失不构成本罪。犯罪的目的是放纵罪犯，或者冤枉好人，动机是徇私、徇情，具体表现多种多样：有的是图谋私利，贪赃受贿；有的是报复陷害他人；有的是徇私情，袒护、包庇亲友；有的是横行霸道，逞威逞能等。在办案过程中，由于司法工作人员政策观念不强，工作不深入、不细致，调查研究不够，以至于造成工作上的失误，确实需要追究刑事责任的，应当依照玩忽职守罪、滥用职权罪定罪处罚。

4．客体要件

本罪侵犯的客体是国家司法机关的正常活动。司法工作人员，手中握有执法权，依法享有侦查、预审、逮捕、起诉、审判的权力。这就需要他们在执法时，刚正不阿，忠于国家和人民的利益，忠于法律制度，忠于事实真相，严格依法办事，力求做到事实清楚，证据确凿，定性准确，程序合法，不枉不纵。如果他们滥用职权徇私枉法，就会破坏国家司法机关的正常活动，损害它在人民群众中的威信，破坏社会主义法制。

（三）处罚

司法工作人员徇私枉法、徇情枉法，对明知是无罪的人而使他受追诉、对明知是有罪的人而故意包庇不使他受追诉，或者在刑事审判活动中故意违背事实和法律作枉法裁判的，处五年以下有期徒刑或者拘役；情节严重的，处五年以上十年以上有期徒刑；情节特别严重的，处十年以上有期徒刑。司法工作人员贪赃枉法，犯本罪，同时又构成受贿罪的，依照处罚较重的规定定罪处罚。

三、典型案例

陈某是某交警巡逻支队事故科副科级民警、三级警督。陈某于2009年4月至7月间，在办理王某交通肇事案件期间，接受肇事者王某的请托、宴请和礼物。随后，陈某将收到的被害人的正式伤情检验报告予以隐匿达一年多，致使应当以交通肇事罪被追究刑事责任的王某未被及时追诉。

法院审理后认为，被告人陈某作为司法工作人员，负有依法侦查交通事故案件、追究交通肇事犯罪的职责。陈某在接受请托、宴请和礼物后，故意包庇致使王某未被及时追诉，其行为侵犯了司法机关的正常活动，已构成徇私枉法罪。鉴于被告人认罪态度较好，依法对其判处有期徒刑十个月，缓刑一年。

【案件分析】

本案中，陈某身为司法工作人员，在交通肇事案件中，收受犯罪嫌疑人的钱财，致使犯罪嫌疑人未被及时追诉的行为，很明显构成徇私枉法罪。

根据1999年9月16日最高人民检察院发布施行的《关于人民检察院直接受理立案侦查案件立案标准的规定》（试行）的规定，涉嫌下列情形之一的，应予立案：

1. 对明知是无罪的人，采取伪造、隐匿、毁灭证明或者其他隐瞒事实、违背法律的手段，以追究刑事责任为目的进行立案、侦查（含采取强制措施）、起诉、审判的；

2. 对明知是有罪的人，即对明知有犯罪事实需要追究刑事责任的人，采取伪造、隐匿、毁灭证据或者其他隐瞒事实、违背法律的手段，故意包庇使其不受立案、侦查（含采取强制措施）、起诉、审判的；

3. 在立案后，故意违背事实和法律，应该采取强制措施而不采取强制措施，或者虽然采取强制措施，但无正当理由中断侦查或者超过法定期限不采取任何措施，实际放任不管，以及违法撤销、变更强制措施，致使犯罪嫌疑人、被告人实际脱离司法机关侦控的；

4. 在刑事审判活动中故意违背事实和法律，作出枉法判决、裁定，即有罪判无罪、无罪判有罪，或者重罪轻判、轻罪重判的；

5. 其他枉法追诉，不追诉、枉法裁判行为。

对于出于严重官僚主义，极端不负责，草率从事，造成严重后果的，可按玩忽职守罪论处；对于情节严重，造成一定后果，可由所在单位酌情给予行政处分；对于因缺乏经验，思想方法主观片面，或因任务紧、案件多而粗枝大叶，调查研究不深入细致，事实证据不清，或因政策水平低，缺乏专业能力等原因而造成的，则应作为一般工作错误，给予批评教育，使其总结经验教训，提高政策水平和业务能力，改进工作；必要时，予以纪律处分。

☆“民事、行政枉法裁判罪”解读

一、立法背景

司法工作人员在民事、行政审判活动中故意违背事实和法律作枉法裁判，将会严重损害法律的尊严和权威，也会让人民群众动摇对法治的信心，极大地损害司法的公信力。因此，刑法对司法工作人员枉法裁判的行为作出了处罚规定。

二、条文解读

（一）概念

民事、行政枉法裁判罪是指审判人员在民事、行政审判活动中，故意违背事实和法律作枉法裁判，情节严重的行为。

（二）构成

1．主体要件

本罪在主体为特定主体，即从事民事、行政审判活动的审判人员。“民事、行政审判活动”是指审理民事、经济、行政案件的诉讼活动。

2．客观要件

本罪在客观方面表现为在民事、经济、行政案件的诉讼活动中，司法工作人员故意违背事实和法律，作出不符合事实或者违反法律规定的裁定、判决，司法工作人员有本款行为，只有情节严重的，才构成犯罪。

民事、行政枉法裁判罪的行为是故意违背事实和法律，在民事、行政审判活动中作枉法裁判。这里的违背事实和法律，是指不忠于事实真相和不遵守法律规定。民事审判，指依法适用民事诉讼法审判案件的活动，包括民事案件、海事案件和经济案件的审判。行政审判，指适用行政诉讼法审判案件的活动，即行政案件的审判。裁判，包括判决、裁定和决定。枉法裁判是指该胜诉的判败诉，该败诉的判胜诉等。

3．主观要件

本罪的主观形式是故意。这里的故意，是指在民事、行政审判活动中，明知是违背事实和法律的枉法裁判行为而有意实施的主观心理状态。

4．客体要件

本罪侵犯的客体是国家审判机关的正常活动。

（三）处罚

在民事、行政审判活动中故意违背事实和法律作枉法裁判，情节严重的，处五年以下有期徒刑或者拘役；情节特别严重的，处五年以上十年以下有期徒刑。司法工作人员贪赃枉法，有民事、行政裁判枉法行为的，同时又构成刑法第三百八十五条规定之罪的，依照处罚较重的规定定罪处罚。

三、典型案例

尤某系某基层人民法院经济庭副庭长。三十有余，自恃有法律本科文凭，年轻干部，有水平、有能力，一直想找机会巴结领导，希望能够得到领导的提拔、重用。2000 年 11 月，机会终于来临。在其负责主审某有限责任公司破产案件过程中，分管副院长齐某主动找上门来，要其想办法将该公司的一辆价值二十余万元的凯迪拉克轿车从破产案件的财产中消失，并允诺事后将其提拔为经济庭庭长。尤某暗中窃喜，机会难得。一日晚上，尤某装作加班，来到办公室，亲自伪造收条，并偷盖该案清算小组印章，故意将该辆凯迪拉克轿车排除在申请破产的全部财产之外。是夜，尤某为了邀功请偿，当即赶到齐副院长家中，报喜事情已经办妥。而后，尤某故意隐瞒此情节，未将该债权告知清算小组，致使清算小组的清算报告中未体现该债权。然后，尤某根据清算小组不实的清算报告作出民事裁定书，对清算报告的分配方案加以确认。副院长齐某见时机成熟，便与该公司经理邹某一起将该辆凯迪拉克轿车变卖，得款二十万元，二人均分。

【案件评析】

本案中尤某在主审民事、行政案件活动中，故意违背事实和法律作枉法裁判，致使某公司财产损失二十余万元。其行为已构成民事、行政枉法裁判罪。

根据刑法第三百九十九条第二款规定，在民事、行政审判活动中故意违背事实和法律作枉法裁判，情节严重的，构成民事、行政枉法裁判罪。尤某的行为符合民事、行政枉法裁判罪的主客观要件，对其应以民事、行政枉法裁判罪定罪处罚。根据刑法第三百九十九条第二款、第四款的规定，犯本罪的，处五年以下有期徒刑或者拘役；情节特别严重的，处五年以上十年以下有期徒刑。因贪赃枉法而犯本罪，同时又构成受贿罪的，依照处罚较重的规定定罪处罚。

☆“枉法仲裁罪”解读

一、立法背景

枉法仲裁罪是刑法修正案(六)增加的内容，随着社会经济的发展，仲裁作为解决合同纠纷或者其他权益纠纷时相对简易和便捷的方式被越来越多的自然人、法人以及其他社会组织所接受。然而，与此同时，实践中也出现了一些仲裁人员收受贿赂、徇私舞弊，故意违背事实和法律枉法裁判的行为。为打击枉法裁判的行为，刑法特对枉法仲裁规定了处罚。

二、条文解读

（一）概念

枉法仲裁罪是指依法承担仲裁职责的人员，在仲裁活动中故意违背事实和法律作枉法裁决，情节严重的行为。

（二）构成

1. 主体要件

本罪的主体是特殊主体，即“依法承担仲裁职责的人员”。符合仲裁员条件的人员经仲裁委员会聘任并登记注册，即可承担仲裁责任，如其有枉法仲裁行为的，构成本罪主体。此外，依法承担仲裁责任的人员还包括依据法律、行政法规的规定，在由政府行政主管部门代表参加组成的仲裁机构中对法律、行政法规规定的特殊争议承担仲裁责任的人员。

2．客观要件

本罪的客观方面是“违背事实和法律作枉法裁决，情节严重的”。该行为存在以下三个特征：一是必须发生在仲裁活动中；二是违背事实和法律作枉法裁判；三是必须达到情节严重的程度。

3．主观要件

本罪的主观方面应为故意，过失不能构成枉法仲裁罪。

4．客体要件

本罪侵犯的客体是正常的仲裁活动和仲裁当事人的合法权益。

（三）处罚

依法承担仲裁职责的人员，在仲裁活动中故意违背事实和法律作枉法裁决，情节严重的，处三年以下有期徒刑或者拘役；情节特别严重的，处三年以上七年以下有期徒刑。

三、典型案例

某电子厂员工以用人单位长期克扣工人加班费为由，向区劳动争议仲裁委员会提出仲裁。区劳动争议仲裁委员会仲裁员沈某、蔡某承办该案后，没有采信员工一方提供的证据，仅依据用人单位提供的相关考勤记录，就认定用工单位不存在克扣员工工资问题，并据此作出仲裁裁决。

对于上述裁决，该厂员工不服，遂向区检察院举报仲裁员沈某、蔡某有枉法仲裁嫌疑。区检察院反渎局接到举报后进行了周密侦查，最终发现了沈某、蔡某收受厂方提供的购物卡、接受厂方吃请以及明知用工单位提供的考勤记录不真实，却仍然给予采信的事实。区检察院据此认定沈某、蔡某涉嫌枉法仲裁罪，检察院随后对二人提起公诉。日前，区法院已作出判决，认定沈某、蔡某“枉法仲裁罪”罪名成立。

【案件评析】

枉法仲裁罪是指依法承担仲裁职责的人员，在仲裁活动中故意违背事实和法律作出枉法裁决情节严重的行为。根据刑法第三百九十九条之一和刑法修正案（六）第二十条的规定，犯枉法仲裁罪的，可以处三年以下有期徒刑或者拘役；情节特别严重的，处三年以上七年以下有期徒刑。

☆“国家机关工作人员签订、履行合同失职被骗罪”解读

一、立法背景

1979 年刑法没有规定本罪，对国家机关工作人员签订、履行合同失职被骗，造成重大损失，按照国家机关工作人员玩忽职守罪处理。1997 年刑法修订时，对上述行为作了规定，确立了国家机关工作人员签订、履行合同失职被骗罪。

二、条文解读

（一）概念

国家机关工作人员签订、履行合同失职被骗罪是指国家机关工作人员在签订、履行合同过程中，因严重不负责任，不履行或者不认真履行职责被诈骗，致使国家利益遭受特别重大损失的行为。

（二）构成

1. 主体要件

本罪的主体是特殊主体，即国家机关工作人员，包括国家机关工作人员以及立法解释规定的人员。

2. 客观要件

本罪的客观方面表现为行为人由于严重不负责任而在签订、履行合同过程中被诈骗的行为。行为人实施上述行为，必须是致使国家利益遭受重大损失的才能构成本罪。如果行为人虽然有严重不负责任行为，但并没有给国家利益造成重大损失，那么，就不构成此罪。这里的致使国家利益遭受重大损失，参照立案标准的规定，是指具有下列情形之一的：（1）造成直接经济损失三十万元以上的；（2）其他致使国家利益遭受重大损失的情形。

3. 主观要件

本罪在主观上主要是过失，也就是说，行为人在与对方签订、履行合同过程中，应当知道严重不负责任可能会造成国家的重大损失，然而，却由于疏忽大意而没有预见，或者虽然预见，但轻信可以避免，以致严重后果最终发生。但也有部分是由间接故意构成，即行为人在与对方签订、履行合同过程中，明知自己不负责任的行为会造成被诈骗的危害后果，而放任这种结果的发生。

4. 客体要件

本罪侵犯的客体是国家机关的正常活动。

（三）处罚

国家机关工作人员在签订、履行合同过程中，因严重不负责任被诈骗，致使国家利益遭受重大损失的，处三年以下有期徒刑或者拘役；致使国家利益遭受特别重大损失的，处三年以上七年以下有期徒刑。

三、典型案例

乔某原系石家庄市裕华区住房委员会办公室（以下简称房委办）主任。2002 年 6 月，裕华区房委办欲通过中国航天证券石家庄营业部（该营业部系无照经营）购买国债，该营业部总经理李某谎称其营业部可以购买国债，乔某在未对石家庄营业部的主体资格、资信及履约能力进行审查和调查的情况下，委托该服务部购买国债。并与李某签订《委托认购国债协议书》，裕华区房委办将住房公积金 1000 万元委托该服务部认购国债。该营业部向房委办出具了自制的 1000 万元有价证券代保管存单，未按规定出具国债交割单。乔某未对此采取有效措施，致使 1000 万元住房公积金被骗取。

2006 年 2 月 28 日，乔某涉嫌国家机关工作人员签订、履行合同失职被骗一案由裕华区人民检察院立案侦查。后法院以国家机关工作人员签订、履行合同失职被骗罪判处乔某有期徒刑五年。

【案件评析】

该案属于渎职侵权犯罪中典型的国家机关工作人员签订、履行合同失职被骗案件。被告人乔某身为国家机关工作人员，在签订、履行合同过程中，不认真履行职责，严重不负责任，致使国家利益遭受重大损失，其行为已构成国家机关工作人员签订、履行合同失职被骗罪，应当依法追究刑事责任。

☆“环境监管失职罪”解读

一、立法背景

环境监管失职罪是一种国家机关工作人员的渎职犯罪，是 1997 年刑法修订时从原刑法规定的玩忽职守罪中分离出来而单独规定的。

二、条文解读

(一) 概念

环境监管失职罪是指负有环境保护监督管理职责的国家机关工作人员严重不负责任，导致发生重大环境污染事故，致使公私财产遭受重大损失或者造成人身伤亡的严重后果的行为。

(二) 构成

1．主体要件

本罪的主体是对环境保护负有监督管理职责的国家机关工作人员，主要包括在国务院环境保护行政主管部门、县级以上地方人民政府环境保护行政主管部门从事环境保护监督管理工作的人员，也包括在国家海洋行政主管部门、港务监督、渔政渔港监督、军队环境保护部门和各级公安、交通、铁道、民航管理部门中，依照有关法律的规定对环境污染防治实施监督管理的人员。另外，在县级以上人民政府的土地、矿产、林业、农业、水利行政主管部门中，依照有关法律的规定对资源的保护实施监督管理的人员，也可以成为本罪的主体。

2．客观要件

本罪在客观方面表现为相关人员严重不负责任，不认真履行监督管理职责，以致发生重大环境污染事故，致使公私财产遭受重大损失或者造成人身伤亡的严重后果。“重大环境污染事故”是指造成大气、水源、海洋、土地等环境质量严重不符合国家规定标准，造成公私财产重大损失或者人身伤亡的严重事件。造成环境污染必须是致使公司财产遭受重大损失或者造成人身伤亡的严重后果。如果没有造成严重后果，可以由有关部门给予行政处分。

3．主观要件

本罪在主观方面必须出于过失，即针对发生重大环境污染事故，致使公私财产遭受重大损失或者造成人身伤亡的严重后果而言，是应当预见却由于疏忽大意而没有预见或者虽然预见但却轻信能够避免，以致发生了这种严重后果。

4．客体要件

本罪侵犯的客体是国家对保护环境防治污染的管理制度。环境是人类自身赖以生存和发展的基础。保护环境是一切单位和每个公民应尽的义务，更是环境保护部门及其工作人员的职责。环境保护部门的工作人员，因严重不负责任，造成重大环境污染事故，导致公私财物重大损失或者人员伤亡的，是一种严重的渎职行为，直接危害了环境保护部门的正常管理活动，因此，必须依法予以刑事制裁。

（三）处罚

负有环境保护监督管理职责的国家机关工作人员严重不负责任，导致发生重大环境污染事故，致使公私财产遭受重大损失或者造成人身伤亡的严重后果的，处三年以下有期徒刑或者拘役。

三、典型案例

1997 年 6 月至 9 月，某区环保局先后 3 次从某化工制品公司回收装有化工废弃物（含有毒物质多氯酚、苯酚）的铁桶共 190 余个，存放于该所属废弃物交换中心仓库。

1999 年，时任区环保局助理调研员的王某负责协调管理该局废弃物交换中心工作，提出对上述废弃物进行化验，该中心工作人员徐某向其提供了一份未盖章的虚假检验报告单。王某意识到此检验报告有假，但未明确指出，仅委婉提出需要加盖公章的正式化验单。

同年 3 月底，王某得知该中心主任准备将此化工废弃物交给无业人员方某、何某等处理时，也未予以制止。4 月上旬，方某、何某等先后 3 次拖走这批铁桶，并将大量化工废弃物随意倾倒于锅顶山半山腰。其间，奉局长之命前往现场处理废弃物的王某，却在方某等人的劝阻下半路返回。

该化工废弃物因天降雨水顺山而下，流入当地农田、鱼塘和湖泊，致使土壤、水中苯酚含量严重超标，农田、鱼塘荒废，对周围环境造成严重污染，并延续至今。经有关部门鉴定，此次污染事故造成直接经济损失共计 199.7 万元。

区法院经审理后作出一审判决，某区环保局原助理调研员王某，因犯环境监管失职罪，被判处有期徒刑六个月，缓刑一年。

【案件评析】

本案中，王某身为负有环境保护监督管理职责的国家机关工作人员，严重不负责任，不认真履行环境保护监督管理职责，导致发生重大环境污染事故，致使公私财产遭受重大损失的严重后果，其行为已构成环境监管失职罪。本案的判决具有重要意义，王某是被判处环境监管失职罪的第一人，起到了很好的警示作用。

☆“食品监管渎职罪”解读

一、立法背景

食品安全关系到人民群众的身体健康和切身利益，而如今又屡屡发生食品安全事故，群众反映强烈。因此，刑法修正案（八）规定了此罪。

二、条文解读

（一）概念

食品监管渎职罪是指负有食品安全监督管理职责的国家机关工作人员，滥用职权或者玩忽职守，导致发生重大食品安全事故或者造成其他严重后果的行为。

（二）构成

1．主体要件

本罪的主体是负有食品安全监督管理职责的国家机关工作人员，主要包括在国务院和各级地方人民政府及卫生行政、农业行政、质量监督、工商行政管理、食品药品监督管理等部门负有食品安全监管职责的工作人员。

2．客观要件

本罪在客观方面要求行为人必须有滥用职权或者玩忽职守的行为。行为人因滥用职权或者玩忽职守的行为导致发生重大食品安全事故或者造成其他严重后果。“重大食品安全事故”是指食物中毒、食源性疾病、食品污染等源于食品，对人体健康有危害或者可能有危害的重大事故。食物中毒，是指食用了被有毒有害物质污染的食品或者食用了含有毒有害物质的食品后出现的急性、亚急性疾病。食源性疾病，是指食品中致病因素进入人体引起的感染性、中毒性等疾病。造成其他严重后果，是指虽未发生重大食品安全事故，但由于食品安全监督管理方面的问题，造成其他严重后果的情形。

3．主观要件

行为人主观上可以是故意，也可以是过失。

4．客体要件

本罪侵犯的客体是国家机关的正常管理活动。

（三）处罚

负有食品安全监督管理职责的国家机关工作人员，滥用职权或者玩忽职守，导致发生重大食品安全事故或者造成其他严重后果的，处五年以下有期徒刑或者拘役；造成特别严重后果的，处五年以上十年以下有期徒刑。

徇私舞弊犯前款罪的，从重处罚。

☆“传染病防治失职罪”解读

一、立法背景

传染病防治是关系到人民群众身体健康的大事，为了预防、控制和消除传染病的发生、传播和流行，我国制定并通过了《中华人民共和国传染病防治法》。1997 年刑法修订时，对传染病防治失职的行为作出了规定。

二、条文解读

（一）概念

传染病防治失职罪是指从事传染病防治的政府卫生行政部门的工作人员严重不负责任，导致传染病传播或者流行，情节严重的行为。

（二）构成

1．主体要件

本罪的主体是从事传染病防治的政府卫生行政部门的工作人员。

2，客观要件

本罪在客观方面表现为从事传染病防治工作的政府卫生行政部门工作人员严重不负责任，导致传染病传播或者流行，情节严重的行为。

3．主观要件

本罪在主观方面只能由过失构成，故意不构成本罪。也就是说，本罪是典型的过失犯罪。

4．客体要件

本罪侵犯的客体是国家对传染病防治工作的正常监督管理秩序，同时也侵犯了不特定多数人的生命和身体健康。

（三）处罚

从事传染病防治的政府卫生行政部门的工作人员严重不负责任，导致传染病传播或者流行，情节严重的，处三年以下有期徒刑或者拘役。

三、典型案例

林某是某市卫生防疫站站长。2010 年 8 月间，某市发生特大水灾，灾情严重，市委领导要求防疫站随时注意灾情，及时发现疫情。被告人林某身为卫生防疫站站长，多次参加了市委召开的救灾防疫会议。回到单位后，没有及时传达会议精神，也没有做好安排、布置检查、预防疫情工作。从 9 月初起，该市发现霍乱病，人数逐渐增加，造成了传播或流行，染上霍乱病人数达到 1000 多人。市政府发现后，紧急要求上级派卫生防疫工作队对该市各地采取消毒等一系列措施，终于制止了霍乱传染。在染上霍乱病的 1000 多人中，有 10 人死亡。检察机关以涉嫌传染病防治失职犯罪对林某立案侦查并提起公诉。

【案件评析】

本案中，林某身为从事传染病防治的政府卫生行政部门的工作人员，在传染病可能发生的紧急情况下，严重不负责任，不履行职责，导致传染病流行的严重后果。林某的行为符合传染病防治失职罪的构成要件，因此，人民检察院以涉嫌传染病防治失职犯罪对林某立案侦查并提起公诉的行为是正确。

☆“非法批准征用、占用土地罪”解读

一、立法背景

土地是人类赖以生存和发展的重要物质基础。然而，一些地方政府和部门往往从局部利益出发，乱批乱用土地，造成土地资源的浪费。为了打击和严惩非法批准征用、占用土地的行为，我国刑法规定了非法批准征用、占用土地罪。

二、条文解读

（一）概念

非法批准征用、占用土地罪是指国家机关工作人员徇私舞弊，违反土地管理法规，滥用职权，非法批准征用、占用土地，情节严重的行为。

（二）构成

1．主体要件

本罪的主体是国家机关工作人员。

2．客观要件

本罪的客观要件是行为人违反土地管理法规、滥用职权，非法批准征用、占用土地。这里的非法批准征用、占用土地，是指对不符合法定条件的征用、占用土地的申请予以批准。

3．主观要件

本罪的主观方面是故意。这里的故意，是指明知是非法批准征用、占用土地的行为而有意实施的主观心理状态。本罪须出于徇私的动机。

4．客体要件

本罪侵犯的客体是国家的土地管理制度以及国家机关工作人员职务行为的廉洁性。

（三）处罚

国家机关工作人员徇私舞弊，违反土地管理法规，滥用职权，非法批准征收、征用、占用土地，或者非法低价出让国有土地使用权，情节严重的，处三年以下有期徒刑或者拘役；致使国家或者集体利益遭受特别重大损失的，处三年以上七年以下有期徒刑。

三、典型案例

某县土地管理局监察大队队长王某，2009 年年底以朋友建住宅为名，与该县城关镇某村签订购地协议，王某以每亩 2.9 万元价格购买耕地 6.15 亩后划成 20 处宅基地出售，收款后伪造协议书和有关档案，补交各项费用，骗取政府批文，从中牟利 5 万余元。2010 年 10 月，城关镇某村村民杨某将自己耕种的 10.3 亩耕地划成 22 处宅基地出售。为办理土地使用证托其妹夫找到王某，并多次宴请王某。王某遂为其补办各种手续，伪造档案并利用职务之便在县政府未发公文的情况下领取土地使用证交给杨某，致使10.3亩耕地被非法批准征用，王某从中收受宅基地一处，卖后得款1.9万元。人民检察院以涉嫌非法批准征用、占用土地罪对王某立案侦查并提起公诉。

【案件评析】

本案中，王某身为国家机关工作人员，却出于徇私，违反土地管理法规、滥用职权，非法批准征用、占用土地，其行为已经构成了非法批准征用、占用土地罪。根据最高人民检察院的规定，非法批准征用、占用土地，涉嫌下列情形之一的，应予立案：1．一次性非法批准征用、占用基本农田0.67公顷（10亩）以上，或者其他耕地2公顷（30亩）以上，或者其他土地3.33公顷（50亩）以上的；2．12个月非法批准征用、占用土地累计达到上述标准的；3．非法批准征用、占用土地数量虽未达到上述标准，但接近上述标准且导致被非法批准征用、占用的土地或者植被遭到严重破坏，或者造成有关单位、个人直接经济损失20万元以上的；4．非法批准征用、占用土地，影响群众生产、生活，引起纠纷，造成恶劣影响或者其他严重后果的。

☆“非法低价出让国有土地使用权罪”解读

一、立法背景

土地是人类赖以生存和发展的重要物质基础，而我国又是一个人多地少的国家，因此，必须十分重视土地资源的合理开发和利用。然而，实践中，往往有一些政府及其部门有法不依，故意低价出让国有土地使用权，致使大量国有资产流失，严重损害国家利益。因此，刑法对此作出了规定。

二、条文解读

（一）概念

非法低价出让国有土地使用权罪是指国家机关工作人员徇私舞弊，违反土地管理法、森林法、草原法等法律以及有关行政法规中关于土地管理的规定，滥用职权，非法低价出让国有土地使用权，情节严重的行为。

（二）构成

1．主体要件

本罪的主体为国家机关工作人员。任何国家机关工作人员，只要违法低价出让国有土地使用权，情节严重，即构成本罪。非国家机关工作人员则不能构成本罪。

2．客观要件

本罪在客观方面表现为违反土地管理法律，徇私舞弊、滥用职权，非法低价出让国有土地使用权，情节严重的行为。

出让，是指不以谋利为目的而卖出所享有的土地使用权。低价出让，是指以低于国有土地使用权最低价的价格出让国有土地使用权。

所谓土地使用权，是指对土地的占有、使用、收益的权利。违反土地管理法律，主要是指违反土地管理法、森林法、草原法等法律以及有关行政法规中关于土地管理的规定。

非法低价出让国有土地使用权的行为必须情节严重才能构成本罪。虽有非法低价出让行为，但情节尚不属于严重，也不能以本罪论处。

3．主观要件

本罪在主观方面必须出于故意，并且具有徇私的目的。过失不能构成本罪。对工作严重不负责任，玩忽职守，过失低价出让国有土地的，即使构成犯罪，也只构成玩忽职守罪。

4．客体要件

本罪侵犯的客体是国家对国有土地使用管理的正常活动。我国土地管理法等法律、行政法规，对出让国有土地使用权的批准权限、程序和要求等都作了明确具体的规定，这对于合理开发、利用、经营土地，加强土地管理，促进城市建设和经济发展有着十分重要的作用。国家机关工作人员徇私舞弊，违反土地管理法律，非法低价出让国有土地使用权，直接侵犯了国家对国有土地的使用管理制度，破坏了国有土地使用管理的正常活动。

（三）处罚

国家机关工作人员徇私舞弊，违反土地管理法规，滥用职权，非法批准征收、征用、占用土地，或者非法低价出让国有土地使用权，情节严重的，处三年以下有期徒刑或者拘役；致使国家或者集体利益遭受特别重大损失的，处三年以上七年以下有期徒刑。

三、典型案例

张某是某县国土资源局国土资源资产收购储备中心主任。去年7月，刘某为将其冶金厂外113.64亩国有土地归自己开铁选厂使用，便请求张某办理土地出让手续。而A县“加快企业改革与发展领导小组办公室”已经下达批复，明确规定该土地为土地收储中心所有。按规定，该土地的使用权在没有政府作出补充批示的情况下，不得出让给个人。

张某以让自己的朋友无偿使用刘某的尾沙库为条件，建议刘某修改县政府的批复文件。之后，刘某将原有批复文件的主要内容更改成了政府同意将该土地确权给刘某的公司。为了便于在银行抵押贷款和买卖土地使用权，还去掉了原文件中的“企业在未偿还债务前，不得用企业资产抵押、担保，不得转让和变卖”等内容。张某为掩人耳目、推卸责任，又让刘某在改动处加盖了私刻的体改办的假公章。张某以假批复文件为刘某办理了土地出让手续，导致113.64亩国有土地被低价出让给了刘某。

后检察机关对张某提起公诉。人民法院审理后，依法作出判决：张某犯非法低价出让国有土地使用权罪，判处有期徒刑三年。

【案件评析】

本案中，张某出于徇私的目的，违反土地管理法律，滥用职权，低价出让国有土地，其行为已经构成了非法低价出让国有土地使用权罪。

根据最高人民检察院《关于渎职侵权犯罪案件立案标准的规定》的规定，涉嫌下列情形之一的，应予以立案：

1．非法低价出让国有土地三十亩以上，并且出让价额低于国家规定的最低价额标准的百分之六十的；

2．造成国有土地资产流失价额三十万元以上的；

3．非法低价出让国有土地使用权，影响群众生产、生活，引起纠纷，造成恶劣影响或者其他严重后果的；

4．非法低价出让林地合计三十亩以上，并且出让价额低于国家规定的最低价额标准的百分之六十的；

5．造成国有资产流失三十万元以上的；

6．其他情节严重的情形。

☆“放纵走私罪”解读

一、立法背景

海关工作人员依法履行职责，对于维护国家主权和利益，促进对外经济贸易和科技文化交往具有重要作用。海关工作人员如果徇私舞弊，放纵走私，就会使海关监管失控，给国家造成关税损失，冲击国内市场，损害民族产业。因此，刑法在1997年修订时，规定了放纵走私罪。

二、条文解读

（一）概念

放纵走私罪，是指海关工作人员徇私舞弊，违反法律规定，明知是走私行为而予以放纵，使之不受查究，情节严重的行为。

（二）构成

1．主体要件

本罪主体为特殊主体，即海关工作人员，具体是指在我国海关机构中从事公务的人员。“海关机构”只要是指国务院设立的海关总署以及在对外开放的口岸和海关监管业务集中的地点设立的依法独立行使职权的海关机构。我国目前在以下地点设立海关机构：(1) 开放对外贸易的港口；(2) 边境火车站、汽车站和主要国际联运火车站；(3) 边境地区的陆地和江河上准许货物和人员进出的地点；(4) 国际航空站；(5) 国际邮件互换局（站）；(6) 其他对外开放口岸和海关监管业务比较集中的地点；(7) 国务院特许或者其他需要设立海关的地点。

2．客观要件

本罪的客观要件为海关工作人员，徇私舞弊，放纵走私，情节严重的行为。

海关工作人员徇私舞弊行为，首先必须是利用职务之便进行的。所谓利用职务之便是指利用职权或者与职务有关的便利条件。

放纵走私，是指海关工作人员为贪图财物、袒护亲友或者其他私情私利，对明知是走私行为而予以放纵的行为。

海关工作人员徇私舞弊、放纵走私的行为只有情节严重时才构成犯罪，所谓情节严重，是指：多次放纵走私；放纵多名走私行为人；放纵走私犯罪分子；放纵走私行为造成严重后果等。

3．主观要件

本罪在主观方面必须是出于故意，即行为人明知自己的徇私舞弊行为是违反有关法律规定的，明知自己行为可能产生的后果，而对这种后果的发生持希望或者放任的态度。过失不构成本罪。

4．客体要件

本罪侵犯的客体是国家的海关监管制度。加强海关的管理，对维护国家的主权和利益，促进对外经济贸易和科技文化交往，保障社会主义现代化建设，具有重要作用。海关工作人员徇私舞弊，放纵走私，不仅纵容走私违法犯罪行为，破坏了海关监督秩序，使国家海关法律、法规的顺利实施受到严重干扰，还损害了国家机关特别是海关的威信。

（三）处罚

海关工作人员徇私舞弊，放纵走私，情节严重的，处五年以下有期徒刑或者拘役；情节特别严重的，处五年以上有期徒刑。

三、典型案例

王某是某海关海上缉私队队长。李某为某海关海上缉私队队员。5月，王某在带领缉私队执行任务时，在某海域拦截住一艘可疑船只。上船后，王某和李某在搜查时，在船只的底部发现几只包装完好的箱子。这时船主过来，看周围没有别人，往王某和李某的口袋里各塞5000元，王某和李某没有再检查便走出船舱，并告诉其他缉私队员没有发现走私物品，致使该走私船只装运的2000多部走私手机入境，给国家造成重大关税损失。人民检察院以涉嫌放纵走私犯罪，对王某和李某立案侦查并提起公诉。

【案件评析】

本案中，王某和李某身为国家海关工作人员，在稽查走私行为时，明知船主有走私行为却予以包庇纵容，造成重大关税损失。王某和李某的行为已经构成放纵走私罪。

根据最高人民检察院规定，具有下列行为之一的，视为情节严重，应予立案：（1）放纵走私犯罪的。（2）因放纵走私致使国家应收税额损失累计达十万元以上的。这里的累计没有时间限制，只要是放纵走私的行为没有得到依法处理，那么行为人每次放纵走私行为所致使国家损失的关税和其他税款都应累计相加。相加到十万元以上的，就应依法追究。（3）三次以上放纵走私或者一次放纵三起以上走私行为的。（4）因收受贿赂而放纵走私的。

第十一节　军人违反职责罪概述

一、军人违反职责罪的概念

军人违反职责罪，是指中国人民解放军、中国人民武装警察部队的现役军人、战时预备役人员以及其他军内在编职工违反职责，危害国家军事利益，依照法律应当受刑罚处罚的行为。

二、军人违反职责罪的特征

（一）本类犯罪侵犯的客体是国家的军事利益

国家的军事利益是指有关国防、军事方面的利益。主要包括国防建设、军队建设、作战能力、物资保障、军事科学研究等方面的利益。对上述利益造成损害，就是危害了国家的军事利益。这是军人违反职责罪的本质特征。

（二）本类犯罪在客观方面表现为行为人实施了违反军人职责、危害国家军事利益的行为

军人职责是指由中央军委和各总部、各军兵种颁发的各种条令、条例，如内务条令、纪律条令、战斗条令、舰艇条令、飞行条令中规定的军人一般职责和各级指挥人员、战斗人员、值班值勤人员以及其他军职人员的具体职责。军人违反应当履行的职责，是构成军人违反事职责罪的前提。

（三）本类犯罪的主体为特殊主体，即军人

（四）本类犯罪的主观方面主要为故意犯罪，少数可以由过失构成，有些犯罪还要求特定的目的，如战时自伤罪，必须以逃避作战义务为目的

三、军人违反职责罪的种类

军人违反职责罪包括的具体罪名有：战时违抗命令罪，隐瞒、谎报军情罪，拒传、假传军令罪，投降罪，战时临阵脱逃罪，擅离、玩忽军事职守罪，阻碍执行军事职务罪，指使部属违反职责罪，违令作战消极罪，拒不救援友邻部队罪，军人叛逃罪，非法获取军事秘密罪，为境外窃取、刺探、收买、非法提供军事秘密罪，故意泄露军事秘密罪，过失泄露军事秘密罪，战时造谣惑众罪，战时自伤罪，逃离部队罪，武器装备肇事罪，擅自改变武器装备编配用途罪，盗窃、抢夺武器装备、军用物资罪，非法出卖、转让武器装备罪，遗弃武器装备罪，遗失武器装备罪，擅自出卖、转让军队房地产罪，虐待部属罪，遗弃伤病军人罪，战时拒不救治伤病军人罪，战时残害居民、掠夺居民财物罪，私放俘虏罪，虐待俘虏罪。

☆“过失泄露军事秘密罪”解读

一、立法背景

为了维护国家安全和国家利益，我国刑法对故意或者过失泄露国家秘密罪规定了处罚。由于军人职责的重要性，刑法对军人违反国家

秘密法规，故意或者过失泄露军事秘密的行为作出了更为严厉的处罚，体现了军法从严、治军从严的精神。

二、条文解读

（一）概念

过失泄露军事秘密罪，是指违反保守国家秘密法规，过失泄露军事秘密，情节严重的行为。

（二）构成

1．主体要件

本罪的主体是所有军人。既包括对军事秘密负有特殊保密义务的军人，如机要、通信、保密人员等，也包括所有了解军事秘密的普通军人，而且不论他们是通过职务活动了解的军事秘密，还是通过其他渠道了解的军事秘密。

2．客观要件

本罪在客观方面表现为违反保守国家秘密法规，过失泄露军事秘密的行为。其表现方式是多种多样的，从最简单的口头陈述泄密，到高技术条件下的计算机网络泄密，不论哪种形式，只要能让无关人员知悉军事秘密的内容，均属泄露军事秘密的行为。在过失泄露军事秘密时，泄密行为既可以由行为人直接实施，如误用明码电报拍发秘密电文；也可以不由行为人直接实施，而是由他人直接实施，如行为人违反保密法规将秘密文件带到公共场所被盗或者丢失。在这种情况下，行为人违反保密规定的行为与泄密结果存在着刑法上的因果关系，所以应属过失泄露军事秘密的行为。

3．主观要件

本罪在主观方面由过失构成。过失泄露军事秘密是行为人应当预见自己的行为违反保密法规，会造成军事秘密泄露的危害结果，因疏忽大意而没有预见，或者虽已预见却轻信能够避免，以致将军事秘密泄露。

按照刑法规定，过失泄露军事秘密的行为，除需具备以上构成要件外，还必须达到情节严重的程度才构成犯罪。所谓情节严重，一般包括：机要、保密人员或者其他负有特殊保密义务的人员泄密的，战时泄密的，执行特殊任务时泄密的，泄露重要或者大量军事秘密的，因泄密造成严重后果的，泄密后隐情不报或者未及时采取补救措施的。

4．客体要件

本罪侵犯的客体是军事秘密的安全。

（三）处罚

违反保守国家秘密法规，故意或者过失泄露军事秘密，情节严重的，处五年以下有期徒刑或者拘役；情节特别严重的，处五年以上十年以下有期徒刑。

战时犯前款罪的，处五年以上十年以下有期徒刑；情节特别严重的，处十年以上有期徒刑或者无期徒刑。

三、典型案例

随着互联网普及程度的不断提高，很多军人也喜欢上网。有的军人为了显示自己见多识广，把自己部队的番号、驻地的风俗人情等写成博客贴在各大网站上；有的还把博客当成了自己的笔记本，把自己在部队的日常工作等一一记在了上面；甚至有的人为了吸引所谓的“点击率”，把自己部队的武器装备的图片、部队演习的时间和地点等贴在自己的博客中，丝毫没有意识到自己的所作所为已经严重泄露了军事机密，如果情节严重，很可能会构成犯罪。

【案件评析】

由于军人身份的特殊性，我国刑法规定军人不得违反保守国家秘密法规，泄露军事秘密。如果军人通过网络交流的方式，将军事秘密无意透露给外界，情节严重的将会构成过失泄露秘密罪。

☆“擅自出卖、转让军队房地产罪”解读

一、立法背景

军队房地产是国家财产的重要组成部分，也是国有资产不可缺少的有机整体。军队房地产权属由国家依法授予中央军委、总政治部所持有，任何人员、组织和部队不得擅自出卖、转让。近年来，由于一些单位和个人为了牟取本单位或者个人私利，擅自出卖、转让军队房地产，侵害了国防资产的产权，破坏了军队房地产集中统一的管理秩序，导致军事设施被毁坏，军事秘密被泄露，国防资产流失等严重后果，对国防和军队建设造成严重危害。为此，刑法规定了擅自出卖、转让军队房地产罪。

二、条文解读

（一）概念

擅自出卖、转让军队房地产罪是指违反规定，擅自出卖、转让军

队房地产，情节严重的行为。

（二）构成

1．主体要件

本罪的主体是特殊主体，是军队各单位的主管人员和负有房地产管理职责的人员。

2．客观要件

本罪的客观要件为行为人违反规定，擅自出卖、转让军队房地产。擅自出卖、转让军队房地产行为，只有情节严重的，才能构成犯罪。

3．主观要件

本罪在主观方面表现为故意，即对于违反规定，擅自出卖、转让房地产的行为，行为人是故意实施的。

4．客体要件

本罪侵犯的客体是军队房产管理制度。

（三）处罚

违反规定，擅自出卖、转让军队房地产，情节严重的，对直接责任人员，处三年以下有期徒刑或者拘役；情节特别严重的，处三年以上十年以下有期徒刑。

附录：

全国人民代表大会常务委员会关于进一步加强法制宣传教育的决议

（2011 年 4 月 22 日第十一届全国人民代表大会常务委员会第二十次会议通过）

2006 年至 2010 年，我国法制宣传教育第五个五年规划已顺利实施和完成，取得了明显成效。公民的宪法和法律意识明显增强，依法治理和法治创建活动有序推进，社会管理法治化水平进一步提高，法制宣传教育在服务经济社会发展、维护社会和谐稳定、落实依法治国基本方略中发挥了重要作用。现在中国特色社会主义法律体系已经形成，这是我国社会主义民主法制建设史上的重要里程碑，是中国特色社会主义制度逐步走向成熟的重要标志。法律的生命力在于实施。中国特色社会主义法律体系形成后，有法必依、执法必严、违法必究的任务更为突出、更加紧迫，对加强法制宣传教育提出了新的更高的要求。为适应全面建设小康社会和“十二五”时期经济社会发展需要，全面落实依法治国基本方略、加快建设社会主义法治国家进程，进一步增强全社会法治观念，有必要从 2011 年到 2015 年在全体公民中组织实施法制宣传教育第六个五年规划。为此，特作决议如下：

一、深入学习宣传以宪法为统帅的中国特色社会主义法律体系。要突出抓好宪法的学习宣传，深入学习宣传宪法确立的我国的国体政体、根本制度、根本任务、公民的权利和义务等主要内容和精神，进一步增强公民的宪法意识和社会主义民主法治观念，形成崇尚宪法、遵守宪法、维护宪法权威的良好氛围。深入学习宣传形成中国特色社会主义法律体系的重大意义、基本经验、基本特征，深入学习宣传中国特色社会主义法律体系的基本法律和促进经济发展、保障和改善民生、加强社会管理、反腐倡廉相关法律法规。深入开展社会主义法治理念教育，推进社会主义法治文化建设，弘扬社会主义法治精神，形成人人自觉学法守法用法和依法行政、公正司法的社会环境。

二、进一步增强法制宣传教育的针对性和实效性。法制宣传教育的对象是一切有接受能力的公民。广大公务员尤其是各级领导干部要带头学习宪法和法律，系统学习和熟练掌握与履行职责相关的法律法规，不断提高自身法律素质和法治观念，增强科学执政、民主执政、依法执政的自觉性；要充分认识依法行政、公正司法是法制宣传教育最有效的实践，增强依法决策、依法行政、公正司法的能力，不断改善领导方式和执政方式，做全社会学法守法用法的表率。要根据青少年的身心特点和接受能力，结合道德品质教育和公民意识教育，有针对性地加强法制宣传教育，努力培养青少年遵纪守法的行为习惯。企业经营管理人员、事业单位和新经济、新社会组织管理人员应当重点学习掌握与市场经济、经营管理相关的法律法规，增强诚信守法、依法管理、依法经营的观念。要在城乡基层群众中重点宣传与生产生活密切相关的法律法规，引导群众依法维护权益、表达诉求、化解纠纷，提高群众参与基层自治和其他社会管理活动的意识和能力。

三、进一步丰富法制宣传教育的形式和方法。法制宣传教育要深入群众、深入基层，生动活泼、通俗易懂，为群众所喜闻乐见，力戒形式主义。广播、电视、报刊等各类媒体要继续履行好社会责任，通过开办法制栏目（专栏、专版）等，广泛开展公益性法制宣传教育。要充分发挥互联网、移动通信等新兴媒体的特点和优势，积极开展法制宣传教育。要努力办好普法网站，充分发挥政府网及门户网站在法制宣传中的重要平台和示范带动作用。要丰富法制宣传教育进机关、进学校、进企业、进单位、进乡村、进社区的内容和形式，不断增强针对性和实效性。要完善并落实公务员法律学习培训制度，把法制宣传教育纳入公务员理论学习规划和各类干部培训机构教学课程。要充分发挥学校作为法制宣传教育重要阵地作用，保证中小学校法制教育课时、教材、师资、经费“四落实”。要充分运用“12·4”全国法制宣传日开展集中法制宣传教育活动，不断扩大法制宣传教育的覆盖面和渗透力。要坚持法制宣传教育与法治实践相结合，善于运用典型案例剖析和群众关心的热点问题开展法制宣传教育，深入推进多种形式、多种层次的法治实践活动，用法治实践推动法制宣传教育、检验法制宣传教育的实效。

四、完善法制宣传教育的组织领导和保障机制。各国家机关和武装力量、各政党、各社会团体、各企事业单位和各类组织，都要高度重视法制宣传教育工作，积极组织开展本部门、本单位以及面向社会的法制宣传教育。要完善法制宣传教育领导体制和工作机制，加强组织领导，加强执法主体的法制宣传教育责任，加强各部门间的协调配合，形成工作合力。法制宣传教育要纳入各地经济社会发展规划和政府目标管理，法制宣传教育经费列入本级政府财政预算，切实予以保障。各部门、各单位要结合实际，统筹安排，保证法制宣传教育工作正常开展。要进一步加大基层法制宣传教育各项投入，努力为基层深入开展法制宣传教育创造条件。

五、加强对本决议贯彻实施情况的监督检查。要进一步完善法制宣传教育考核评估机制，加强年度考核、阶段性检查。各级人民政府要切实组织实施好法制宣传教育第六个五年规划，做好中期督导检查和终期评估验收，并向本级人民代表大会常务委员会报告。各级人民代表大会及其常务委员会要充分运用执法检查、听取和审议工作报告以及代表视察、专题调研等形式，加强对法制宣传教育工作的监督检查，保证本决议得到贯彻落实。

司法部部长吴爱英就落实“六五”普法规划答记者问

从1985年我国制定第一个五年普法规划至今已经过去二十多年了，如今普法已成为我国社会主义民主法制建设的一件大事。党中央、国务院近期转发了“六五”普法规划，全国人大常委会也通过了进一步加强法制宣传教育的决议，司法部部长、全国普法办主任吴爱英就如何贯彻落实规划和决议回答了记者提问。

“六五”普法目标明确十项任务助力“十二五”

记者：请您介绍一下今后五年法制宣传教育工作的指导思想、主要目标和任务是什么？

吴爱英：在“五五”普法顺利完成后，今年3月，党中央、国务院转发“六五”普法规划，4月，全国人大常委会作出进一步加强法制宣传教育的决议，两个文件为做好新形势下法制宣传教育工作指明了方向。

根据全面落实依法治国基本方略，服务“十二五”时期经济社会发展的新形势，“六五”普法的指导思想是，坚持法制宣传教育与社会主义核心价值体系教育相结合、与社会主义法治理念教育相结合、与社会主义公民意识教育相结合、与法治实践相结合，深入开展法制宣传教育，深入推进依法治理，大力弘扬社会主义法治精神，努力促进经济平稳较快发展和社会和谐稳定，为夺取全面建设小康社会新胜利营造良好法治环境。主要目标是：通过深入扎实的法制宣传教育和法治实践，深入宣传宪法，广泛传播法律知识，进一步坚定法治建设的中国特色社会主义方向，提高全民法律意识和法律素质，提高全社会法治化管理水平，促进社会主义法治文化建设，推动形成自觉学法守法用法的社会环境。

“六五”普法规划确定了法制宣传教育的十项主要任务：突出学习宣传宪法、深入学习宣传中国特色社会主义法律体系和国家基本法律、深入开展社会主义法治理念教育、深入学习宣传促进经济发展的法律法规、深入学习宣传保障和改善民生的法律法规、深入学习宣传社会管理的法律法规、加强反腐倡廉法制宣传教育、积极推进社会主义法治文化建设、继续深化“法律进机关、进乡村、进社区、进学校、进企业、进单位”主题活动、深入推进依法治理。

为了确保这些目标任务的实现，要进一步完善党委统一领导、人大监督、政府实施、各部门配合、全社会共同参与的领导体制和工作机制，强化各级普法依法治理领导小组办公室力量，形成各负其责、协调配合、齐抓共管的普法工作格局；要抓紧研究制定地方部门普法规划或实施意见，切实做好宣传工作，为“六五”普法规划的贯彻实施营造良好的社会氛围；要着力加强法制宣传教育工作制度和评估体系建设，加强调查研究，推动法制宣传教育立法，为深入开展普法依法治理工作提供法制保障；要落实法制宣传教育经费保障；要大力加强法制宣传教育队伍建设和法制宣传教育阵地建设；要努力推进法制宣传教育工作创新，善于运用我国法治建设实践开展法制宣传教育，利用案例开展法制宣传教育，采用群众喜闻乐见的方式开展法制宣传教育，不断提高法制宣传教育实效。

领导干部和青少年将是这次普法的“重中之重”

记者：“六五”普法规划强调要把领导干部和青少年作为法制宣传教育的重中之重，请问其意义何在?

吴爱英：突出重点，区别不同对象有针对性地开展法制宣传教育，是增强法制宣传教育实际效果的重要保证。实践证明，通过抓重点对象普法，能够有效促进全民法制宣传教育的深入开展。规划指出，法制宣传教育的对象是一切有接受教育能力的公民；强调要重点加强对领导干部、公务员、青少年、企事业经营管理人员和农民的法制宣传教育，把领导干部和青少年作为重中之重。

领导干部是中国特色社会主义事业的组织者和领导者，肩负着领导和管理国家各项事业的重要职责。在深入贯彻实施依法治国基本方略、实行依法执政的形势下，提高领导干部法律素质和依法办事的能力水平至关重要。领导干部带头学法守法用法，对于全民普法具有重要表率作用。因此，规划提出要切实加强各级领导干部法制宣传教育工作，不断提高领导干部的法治意识和依法执政、依法决策、依法行政的能力。

青少年是国家的希望，民族的未来。抓好青少年的法制宣传教育工作，不断提高青少年的法律素质，对于青少年的健康成长和国家长治久安都具有重要意义。因此，规划强调要根据青少年的特点和接受能力，结合公民意识教育，有针对性地开展法制宣传教育，引导青少年树立社会主义法治理念和法治意识，养成遵纪守法的行为习惯，培养社会主义合格公民。

通过“典型”起到示范宣传作用

记者：“六五”普法如何深化依法治理和法治实践活动？

吴爱英：深入推进依法治理和法治创建活动，是全面落实依法治国基本方略的具体实践和有效途径。“六五”普法期间，要积极开展多层次多领域的依法治理工作，不断探索、创新和丰富依法治理实践形式。实践中要继续深入推进法治城市、法治县（市、区）创建活动，总结推广经验，建立健全制度，不断提高创建水平。要开展依法行政示范单位创建活动，推进部门行业结合自身特点开展依法治理，健全行政执法程序，规范行政执法行为，强化行政监督和问责，完善执法责任制、执法公示制和执法过错责任追究制，积极推进法律的有效实施，不断提高政府公信力和执行力。要积极开展基层法治创建活动，推进基层依法治理，促进基层民主法治建设。围绕社会热点难点问题和社会管理薄弱环节，开展法制宣传教育和专项治理活动，提高社会管理法治化水平。（新华社记者 / 崔清新）